A. CALMON

MEMBRE DE L'INSTITUT, SÉNATEUR

HISTOIRE PARLEMENTAIRE

DES FINANCES

DE LA MONARCHIE DE JUILLET

CONTINUÉE PAR

CALMON-MAISON

TOME QUATRIÈME

C · L

PARIS

CALMANN LÉVY, ÉDITEUR

3, RUE AUBER, 3

—

1899

HISTOIRE PARLEMENTAIRE

DES FINANCES

DE LA MONARCHIE DE JUILLET

DU MÊME AUTEUR

William Pitt, étude sur les Finances de l'Angleterre de 1783 à 1806. 1 volume. . . . 1865
*Histoire parlementaire des Finances de la Res-
tauration.* 2 volumes. 1868-1870
Préambules aux discours de M. Thiers. . . . 1879-1883

CHARTRES. — IMPRIMERIE DURAND RUE FULBERT.

A. CALMON

MEMBRE DE L'INSTITUT, SÉNATEUR

HISTOIRE PARLEMENTAIRE

DES FINANCES

DE LA MONARCHIE DE JUILLET

CONTINUÉE PAR

CALMON-MAISON

TOME QUATRIÈME

C · L

PARIS

CALMANN LÉVY, ÉDITEUR

3, RUE AUBER, 3

—

1899

CHAPITRE XVII.

Accompagné du duc de Montpensier et de M. Guizot, Louis-Philippe était allé, dans le courant d'octobre 1844, à Windsor rendre à la reine d'Angleterre la visite qu'elle lui avait faite à Eu l'année précédente. Aussi, le roi pouvait-il, en ouvrant la session de 1845, se féliciter de ce que « un mutuel esprit de bon vouloir et d'équité avait maintenu entre la France et l'Angleterre cet heureux accord qui garantit le repos du monde. »

Néanmoins, au cours de la discussion de l'adresse, le traité avec le Maroc, le règlement des incidents de Taïli par l'indemnité accordée à M. Pritchard, le droit de visite furent de nouveau mis en cause et le ministère eut à soutenir dans l'une et l'autre Chambres, relativement à sa politique extérieure, de vives attaques auxquelles il faillit succomber.

Le cabinet avait eu d'ailleurs à subir, vers la fin de 1844, une modification nécessitée par la retraite de M. Villemain. La santé déjà altérée du ministre de l'instruction publique se trouvait gravement atteinte par les émotions que lui avaient causées la discussion de la loi sur l'enseignement. Le vote d'un amendement restreignant les pouvoirs du conseil royal, la faible majorité obtenue en faveur de la loi furent considérés comme autant d'échecs pour M. Villemain. A la suite d'un accès de fièvre chaude survenu dans les derniers jours de décembre, il dut se retirer. M. de Salvandy le remplaça.

La Chambre ne tarda pas à aborder le règlement définitif des comptes de 1842. Le budget de cet exercice avait été voté pour le service ordinaire avec un excédent de dépenses de 115,804,934 francs. Les accroissements au budget primitif, s'élevant à 108,142,395 fr., portaient à 223,947,329 fr. les dépenses votées au delà des ressources prévues. Toutefois les crédits avaient été réduits par suite d'économies et de reports à 1844, les recettes réalisées avaient dépassé les évaluations, et le découvert, ainsi atténué de 115,335,157 fr., était abaissé à la somme de 108,612,172 francs. En y joignant l'excédent des dépenses des grandes lignes de chemins de fer, 1,368,091 fr., l'excédent total se trouvait fixé à 109,980,263 francs. Ce chiffre fut adopté par le Parlement et les députés passèrent à l'examen d'un projet de rachat des actions de jouissance des canaux.

En 1820, le gouvernement de la Restauration avait voulu achever les canaux déjà commencés et en entreprendre de nouveaux. Comme les ressources du Trésor ne pouvaient y suffire, on eut alors recours au crédit public. Des emprunts furent contractés sous les conditions d'un intérêt, d'une prime et d'un amortissement déterminés. La moitié du produit net de ces voies navigables avait été attribuée aux bailleurs de fonds pendant un certain laps de temps, à dater de l'époque où les emprunts devaient être éteints par l'effet de l'amortissement[1]. Les compagnies avaient par suite donné à cette participation éventuelle aux produits la forme d'actions de jouissance, c'est-à-dire d'effets négociables.

Un projet de loi relatif au rachat des actions avait été soumis à la Chambre en 1842. Voté par les députés, il n'avait pu être discuté par les pairs. Le ministre des travaux publics avait donc présenté dans la séance du 18 avril 1843 un nouveau projet de loi, que l'exagération des tarifs fixés en 1821 et 1822 avait rendu d'autant plus nécessaire que, par la lettre du contrat, les dits tarifs ne pouvaient être modifiés que du consentement des prêteurs. Si plusieurs des sociétés exploitantes les avaient depuis lors abaissés, il ne fallait pas oublier qu'elles étaient toujours en droit de les relever et de causer par suite les plus graves préjudices au commerce et à l'industrie. Le ministre, dans son exposé des motifs, s'attachait à démontrer que l'intérêt privé des porteurs devait céder devant l'intérêt général et que d'ailleurs, en offrant pour résiliation d'un contrat une indemnité large et suffisante, il n'y avait dans la mesure proposée ni arbitraire, ni injustice. Il demandait donc

1. 1867.

pour le gouvernement l'autorisation de racheter
les actions des sociétés dont l'expropriation
semblerait nécessaire. La commission nommée
en 1843, et qui avait choisi pour rapporteur
M. Henri Galos, concluait au rachat. Elle avait
même alors pensé que la mesure devait s'appliquer d'une façon générale à tous les canaux ; mais
depuis, des circonstances nouvelles s'étaient
produites qui en rendaient inutile l'application
générale et immédiate. Si plusieurs compagnies,
voulant mettre le gouvernement dans l'obligation
de s'expliquer nettement, avaient rétabli sur leur
parcours les tarifs légaux, d'autres avaient
maintenu la circulation à un prix réduit. De
plus, comme on ne pouvait exactement apprécier
ce que deviendraient les canaux par suite de
l'établissement des chemins de fer, il était prudent
de ne pas engager le gouvernement d'une
manière absolue.

Sur l'avis de sa commission la Chambre se
borna à décider, conformément aux propositions
du ministre, que les droits attribués aux compagnies par les lois du 5 août 1821 et du 14 août
1822 *pourraient* être rachetés par l'État pour cause
d'utilité publique. Le prix devait en être fixé par
une commission spéciale instituée pour chaque
société et composée de neuf membres désignés

en nombre égal par le ministre, par les compagnies et par les présidents de la cour de Paris.

Votée ensuite à la Chambre des pairs sur le
rapport favorable du comte Daru, la loi fut
promulguée le 29 mai.

L'achèvement des voies de terre intéressait
plus encore les pouvoirs publics que la question
des canaux. Les conseils généraux n'avaient reculé
devant aucun sacrifice pour constituer le réseau
des routes départementales. Depuis 1833, 105 millions avaient été affectés à l'achèvement et au
perfectionnement des routes royales. Néanmoins
le gouvernement crut devoir demander encore
82 millions pour l'achèvement des lacunes et
l'amélioration des rampes. Le projet portait ouverture d'un crédit de 10 millions sur l'exercice 1845
et de 12 millions sur 1846 ; il y devait être pourvu
provisoirement au moyen des ressources de la
dette flottante. Le rapporteur, M. Dessauret,
député du Cantal, proposa au nom de la commission, de réduire cette allocation générale à
77,500,000 fr. [1], chiffre auquel elle fut fixée par
les deux Chambres.

---

1. Achèvement des lacunes réduit de 41,000,000
et fixé à. . . . . 36,500,000 fr.
Rectification des rampes rapides maintenu à. . 41,000,000
                                                      77,500,000 fr.

Une nouvelle proposition relative à la conversion des rentes, due à l'initiative de M. Muret de Bort, allait encore avoir au cours de cette session le même sort que les précédentes. Soulevée en 1836 par l'initiative privée, la question de la conversion avait eu pour résultat la retraite du cabinet. Le ministère du 22 février, qui semblait par suite avoir pour mission de faire réussir une mesure à laquelle se ralliait la majorité de la Chambre des députés, l'avait au contraire fait ajourner. M. Gouin ayant alors rouvert le débat, la conversion votée par les députés avait été réjetée par les pairs et le ministère du 12 mai, qui avait abordé spontanément la question, avait eu une trop courte durée pour la faire aboutir. Ses successeurs, bien que contestant l'opportunité de la conversion, n'acceptèrent pas moins de défendre un projet qui, adopté par les députés, échoua encore devant la haute assemblée.

En développant sa proposition, M. Muret de Bort faisait observer que, malgré l'état des finances forts engagées, la conversion pouvait être utilement pratiquée par suite de l'élévation constante du crédit, par suite de la sécurité et de la prospérité bien assises à l'intérieur, par suite enfin d'une situation extérieure mieux assurée.

Le projet déposé par lui restreignait la faculté

de conversion du 5 0/0 en un seul fonds, au pair,
le 4 1/2 0/0. Les rentiers sont en général plus
désireux de voir augmenter leurs revenus que de
voir croître nominativement leur capital. L'année
précédente, le 5 0/0 avait atteint le cours de
125 fr., tandis que le 3 0/0 ne dépassait pas
82 francs. Ainsi, un fonds menacé de perdre
25 fr. en cas de remboursement rencontrait
plus de faveur qu'un autre au dessous du pair,
ayant encore 17 fr. de hausse à parcourir.
Quant au capital, ajoutait M. Muret de Bort,
il ne serait pas sensiblement affecté par la
conversion. Le 4 1/2 atteindrait rapidement le
cours de 120 fr. ; car les 4 fr. 50 que les rentiers
devraient recevoir sur les 120 fr. représenteraient
encore un intérêt plus élevé que les 3 fr. produits
par le 3 0/0 à 85 francs.

N'était-ce pas d'ailleurs au taux moyen de
73 fr. 04 qu'avaient été contractées à dater de
1814, la plupart des rentes 5 0/0 ? Les porteurs
avaient ainsi reçu, depuis plus de vingt ans, 7 0/0
d'intérêt sur le capital primitivement prêté,
capital pour lequel la valeur du 4 1/2, qu'on
allait leur offrir, représentait une prime de
60 0/0.

Aux termes de la proposition, le ministre
était autorisé à rembourser à raison de 100 fr.

pour chaque 5 fr. de rente tout propriétaire qui n'aurait pas réclamé la conversion. Ce remboursement effectué par séries ne devait-être obligatoire pour l'État que jusqu'à concurrence des séries appelées. Quant aux rentiers consentants ils recevaient pour chaque fois 5 fr. de rente 5 0/0 4 fr. 40 en rentes 4 1/2, avec garantie contre tout remboursement pendant dix années et avec jouissance des intérêts à 5 0/0 jusques et y compris le semestre suivant. Pour effectuer cette opération le ministre était autorisé à négocier des bons du Trésor et à faire inscrire, s'il en était besoin, au grand-livre de la dette publique des rentes 4 0/0 dont la négociation ne pourrait être faite qu'avec publicité et concurrence et dans aucun cas au-dessous du pair. Enfin l'économie résultant de la conversion devait être affectée au dégrèvement de la propriété foncière pour les départements surchargés.

M. Lacave-Laplagne, sans s'opposer à la prise en considération, tint à expliquer pourquoi le gouvernement n'avait pas lui-même déposé une semblable proposition. L'année précédente, en effet, il avait déclaré qu'il lui paraissait imprudent de faire concorder cette opération avec celle de l'emprunt. Ces considérations subsistaient, disait-il,

avec plus de force encore, car c'était la substitution de l'éventualité à une réalité : un
emprunt qui commence à un emprunt en projet.

La commission, dont le rapporteur fut
M. Benoist, estimant avec raison que la question
était depuis longtemps résolue par la jurispru-
dence comme par l'opinion, conclut à l'adoption
tout en modifiant sur divers points le travail de
M. Muret de Bort. Elle réduisit de dix ans à
sept ans la garantie contre un nouveau remboursement. Abrégeant ainsi la durée des opérations, elle préféra interpréter le silence du ren-
tier comme un acquiescement à la conversion
et supprima le remboursement par séries. Elle
fut unanime à repousser l'article qui affectait au
dégrèvement de l'impôt foncier l'économie
obtenue, pensant qu'il ne fallait en rien préjuger
l'emploi qui pourrait en être fait.

Plusieurs amendements survinrent au cours de
la discussion. L'un d'eux émanant de M. de Vatry
proposait que la rente 5 0/0 fût convertie en
rente 3 1/2 0/0 et que chaque inscription de cette
nouvelle rente assurât en outre à son possesseur
un supplément annuel de 1 fr. 50 à recevoir sur
les revenus des chemins de fer créés, rachetés,
ou concédés par l'État, dès que le premier mil-
liard employé à leur confection aurait produit un

revenu net de 6 0/0, prime qui sans pouvoir dépasser 2 fr. devait être susceptible d'une augmentation proportionnelle, calculée sur celle des produits des lignes. Un autre amendemant dû à l'initiative de M. de Morny comprenait dans le remboursement non seulement le 5 0/0, mais aussi les rentes 4 1/2 0/0 et 4 0/0 et constituait pour les diverses valeurs un nouveau fonds 3 0/0 à des taux différents suivant la classe à laquelle appartenait la rente convertie.

La Chambre écartant ces amendements adopta l'article 1er du projet, tel que le lui proposait la commission. Toutefois, sur les instances de M. Muret de Bort, elle fixa à dix ans le délai pendant lequel l'exercice du droit de remboursement se trouverait suspendu.

L'article 3 spécifiait que, si une rente 3 0/0 était grevée d'usufruit et si ni le propriétaire, ni l'usufruitier n'en réclamaient d'un commun accord la conversion, le Trésor serait valablement libéré en déposant, à leurs risques et périls, à la caisse des dépôts et consignations le capital de la rente. Cet article avait donné lieu à des réclamations privées parmi lesquelles se présentait, sous un jour particulier, celle des tontines, propriétaires d'inscriptions dont elles n'avaient que la jouissance viagère et dont le capital devait faire retour à l'État. Tout en considérant qu'il ne devait pas être admis de distinction entre les rentes auxquelles la mesure proposée devait s'appliquer, la commission estimait que, en examinant les titres de ces sociétés, on serait sans doute amené à penser que leurs rentes se trouveraient plus justement classées dans la dette viagère où elles semblaient rentrer assez naturellement par leur caractère de reversibilité au Trésor.

Interrogé à cet égard par M. Gaulthier de Rumilly, le ministre des finances, qui avait examiné cette question avec la commission, particulièrement en ce qui concernait la tontine Lafarge, répondit que les rentes appartenant aux institutions de cette nature lui paraissaient en effet avoir un caractère viager, mais il déclarait en même temps que cette disposition, pour leur être appliquée, devrait être inscrite dans la loi.

La tontine dont il est fait ci-dessus mention, avait été fondée avant la révolution en vertu d'un privilège concédé à M. Lafarge. Ces tontines étaient des associations assurant des pensions viagères constituées au moyen d'un capital et qui s'accroissaient à mesure que diminuait le nombre de têtes, sur lesquelles elles étaient établies. Elles s'accroissaient jusqu'à une certaine limite. Passé cette limite une seconde classe s'accroissait à son tour et enfin quand cette seconde classe avait atteint la limite, toutes les extinctions faisaient retour à l'État. Les capitaux primitivement réunis pour cet objet avaient été versés dans les caisses du Trésor en échange de rentes ainsi acquises qui servaient au payement des pensions. Par l'effet de cette réglementation, adoptée jadis pour donner une garantie aux actionnaires de la tontine, leurs titres avaient depuis lors subi toutes les vissicitudes des fonds publics. La commission, fit observer le rapporteur, jugeait que les tontines devaient être portées à la dette viagère de l'État, mais elle ne voulait faire à cet égard aucune proposition, pensant que ce n'était pas dans la loi en discussion qu'une disposition de cette nature devait trouver place et qu'il appartenait au gouvernement seul de proposer une mesure relative à la tontine Lafarge.

Le ministre, quoiqu'il fût d'avis d'appliquer la conversion à tous les porteurs de rentes 5 0/0 sans exception, avait été frappé de ce fait que certains intérêts d'une nature particulière allaient souffrir de l'application de la mesure. Il rédigea une disposition qui, légèrement modifiée par la commission, avait pour effet d'ouvrir au budget de la dette publique un crédit égal, afin de main-

tenir à divers établissements leur revenu présent,
tant qu'ils conserveraient la propriété de leurs
rentes. La Chambre adopta cette manière de
voir, mais seulement en ce qui concernait la
Légion d'honneur, les Invalides de la marine et
les hospices.

La loi fut ainsi votée par 202 voix contre 86.

Malgré cette imposante majorité, la commission de la Chambre des pairs en proposa le rejet
à l'unanimité. « La question du droit de rem-
« boursement et les autres questions qui vous
« sont soumises ne sont pas des questions dont
« on doive chercher la solution dans les règles
« ordinaires du droit civil. Elles sont d'un ordre
« bien supérieur..... C'est dans ces hautes consi-
« dérations de fidélité aux engagements, du res-
« pect pour les droits de tous, de la bonne foi,
« et de l'utilité réelle de la société que vous pren-
« drez les motifs de votre détermination ». Ainsi
s'exprimait le comte Roy dans son rapport.

L'éminent homme d'État ne sut pas comprendre qu'en s'opposant à une mesure dont la léga-
lité ne faisait plus doute et que réclamait avec
ardeur l'opinion, il portait un coup funeste au
régime qu'il croyait servir.

En vain le ministre des finances démontra-t-il
que la conversion avait toujours été un droit de

l'État. Sous l'ancien régime, Sully, Colbert, Turgot l'avaient pratiquée. Personne, disait M. Lacave-Laplagne, ne pouvait contester qu'à l'époque de la révolution le droit public financier français ne reconnût à l'État la faculté de rembourser ses créanciers et que ce droit ne fût fortifié par une pratique constante. Pour quel motif refuser à l'État comme à tout débiteur le droit de se libérer ?

Un moyen terme présenté par le marquis d'Audiffret échoua devant le parti pris de la haute assemblée. M. d'Audiffret proposait que les rentes 5 0/0, 4 1/2 0/0 et 4 0/0 ne pussent être transmises par transfert ou mutation que pour leur capital au pair de 100 fr., le nouveau titulaire ne devant être inscrit qu'en 3 0/0 au cours de ce dernier effet public.

Les différents articles de la loi furent successivement repoussés et la loi elle-même rejetée par 118 voix contre 28. Une source précieuse d'économies était ainsi tarie pour nos finances déjà obérées et dont la Grèce allait encore augmenter les charges. Cette nation, depuis l'année précédente, avait commencé de mettre en pratique ses nouvelles institutions. A la suite des élections générales, un ministère composé d'hommes considérés avait pris la direction des

affaires et l'état matériel du pays se présentait
sous un jour plus satisfaisant. Si, par suite, tout
faisait espérer que dans un avenir prochain ce
royaume pourrait se dispenser d'avoir recours
à nous pour le payement des intérêts de l'emprunt, le ministre des finances était encore
dans la nécessité de réclamer l'ouverture d'un
crédit de 527,241 fr., afin de pourvoir, à
défaut du gouvernement hellénique, au service
du semestre échu le 1er mars 1845 ; crédit que
le Parlement lui accorda sans débat.

M. Lacave-Laplagne avait déposé, dès l'ouverture de la session, le projet de loi relatif aux crédits supplémentaires et extraordinaires des exercices 1844 et 1845. Pour la première de ces deux
années il demandait 14,146,000 fr. de crédits
supplémentaires, 12,855,000 fr. de crédits extraordinaires ; mais sur les fonds alloués, tant par la
loi de finances de 1843 que par des lois spéciales,
des annulations étaient opérées pour 13,934,000
francs. De plus, une somme de 3,817,000 fr. figurant parmi les nouvelles allocations était balancée
par des remises de crédits sur les exercices précédents, en sorte que l'augmentation de dépenses
ne dépassait guère 9,250,000 francs.

Pour 1845, les demandes du gouvernement
s'élevaient à 10,200,000 fr. de crédits supplé-

mentaires et à 14,589,000 fr. de crédits extraordinaires. Toutefois les sommes allouées par la loi de
finances de 1844 étaient réduites de 172,000
francs. Le payement des créances des exercices
périmés nécessitait sur 1844 25,000 fr. et sur
1845 370,500 francs.

Quant aux crédits accordés aux départements
de la guerre et de la marine pour les travaux
extraordinaires [1], si d'une part ils étaient abaissés
de 17,657,000 fr. sur les exercices 1843 et 1844,
d'autre part il était demandé sur 1844 et 1845
32,348,000 fr. pour les mêmes ministères ;
793,700 fr. figuraient au projet, en augmentation
des restes à payer des exercices 1840, 1841 et
1842. Enfin 527,240 fr. devaient assurer le payement du semestre de l'emprunt grec échu le
1er septembre.

Depuis lors divers autres projets relatifs à des
crédits supplémentaires et extraordinaires avaient
été renvoyés à l'examen de la même commission.
La Chambre se trouvait ainsi saisie d'un seul
projet qui, par suite de ces demandes nouvelles,
portait au chiffre de 14,261,000 fr. les crédits supplémentaires pour 1844 et à celui de 15,166,600 fr.
les crédits extraordinaires pour 1845.

1. Travaux régis par les lois du 25 juin 1841 et du 11 juin 1842.

A la suite de diverses réductions opérées sur l'ensemble par la commission, le rapporteur M. Baude proposait d'allouer pour 1844, 14,193,530 fr. de crédits supplémentaires et 12,828,152 fr. de crédits extraordinaires. Pour 1845, il fixait les premiers au chiffre de 10,161,604 fr., les seconds à celui de 15,166,265 francs.

Au cours de la discussion devant la Chambre, à l'occasion du budget de la guerre, dont le chapitre 15 figurait au projet pour la somme de 1,017,187 fr., M. Gustave de Beaumont questionna le ministre relativement à l'importance d'une expédition que le gouvernement préparait en Algérie contre les Kabyles. Distinguant ces derniers, anciens Berbères agricoles et sédentaires, des Arabes conquérants et nomades, M. de Beaumont estimait qu'il ne fallait pas porter la guerre chez les montagnards de la Grande-Kabylie, qui ne s'étaient jamais soumis ni aux Turcs, ni aux Arabes, voulant rester indépendants et avaient refusé tout secours à Abd-el-Kader. Toutefois, si contrairement à son avis une campagne était entreprise dans cette région, il était nécessaire, disait-il, d'agir non pas avec des forces restreintes comme on en prêtait au gouvernement l'intention, mais avec les moyens d'action les plus sérieux réclamés, ajoutait-il, par le maréchal Bugeaud.

Le ministre de la guerre ne jugea pas convenable de venir ainsi discuter un plan de campagne à la tribune et ne répondit pas à M. de Beaumont. L'opposition de ce député n'empêcha pas d'ailleurs le vote du crédit.

Au département de l'intérieur, 240,000 fr. furent alloués pour l'application de la télégraphie électrique dont les essais commencés entre Paris et Mantes avait pleinement réussi. M. Arago, en donnant à cet égard d'intéressantes explications, insista pour leur continuation entre Paris et Rouen.

La Chambre, ne modifiant en rien les propositions de sa commission en ce qui concernait les crédits supplémentaires, réduisit toutefois les crédits extraordinaires à 12,753,152 fr. pour 1844 et à 15,241,265 fr. pour 1845. Il fut en outre accordé en augmentation des restes à payer des exercices 1840, 1841 et 1842 des crédits supplémentaires pour une somme de 793,697 fr. et il fut alloué au ministre des finances 527,240 fr. pour pourvoir au semestre de l'emprunt grec échu le 1er septembre précédent. La loi ainsi votée à la Chambre des pairs fut promulguée le 20 juin.

Nous avons vu [1] comment en 1843 un projet

_____

1. Voir t. III, p. 309 à 318.

sur le système monétaire dont les articles avaient été successivement votés n'avait plus trouvé dans son ensemble la même adhésion de la part de la Chambre des députés. Il contenait d'ailleurs des dispositions diverses qui n'avaient pas entre elles toutes les relations nécessaires. Le gouvernement avait par suite pensé qu'il était préférable de scinder ces dispositions et d'en faire l'objet de projets distincts. Le ministre des finances se borna donc, au début de la session de 1845, à proposer la démonétisation des espèces de billon à différents titres, comprenant les pièces de 6 liards, de 10 centimes à la lettre N, ainsi que celles de 15 et de 30 sous. Il fallait aussi faire disparaître des monnaies d'argent les fractions non décimales de 1/4 et 1/2 franc dont M. Lacave-Laplagne demanda le remplacement par des pièces portant pour inscription : 25 centimes et 50 centimes.

Les crédits nécessaires au retrait et à la démonétisation représentaient principalement la perte à subir sur des monnaies usées par le frai. Ils étaient évalués à 5,250,000 fr. et s'appliquaient pour 2,100,000 fr. aux pièces de 6 liards, pour 650,000 fr. aux pièces de 10 centimes et pour 2,500,000 fr. à celles de 15 et 30 sous. Il devait être pourvu à cette opération au moyen des

ressources accordées par les lois de finances pour
1845 et 1846 [1]. Le projet ne rencontra cette fois
aucune opposition et fut adopté sans discussion
par les deux Chambres.

Les travaux de fortification de Paris touchaient
à leur terme et il y avait lieu de pourvoir sans
tarder à l'armement des remparts. Une commission composée des présidents de comités des
différentes armes avait été chargée de collaborer
au projet de loi que le ministre de la guerre
déposa sur le bureau de la Chambre dans la
séance du 26 mars.

Si la grande étendue de l'enceinte ne permettait
pas de suivre en tous points les principes alors
adoptés, néanmoins la capitale devait avoir,
comme les autres places, un armement de sûreté
et un armement de défense [2]. Chaque bastion
devait par suite être pourvu d'un armement de
sûreté aussi complet que possible. Quant à
l'armement de défense, il fallait, suivant le
maréchal Soult, tenir compte de ce que l'ennemi
ne pourrait tenter une attaque sérieuse contre

1. Sur 1845, 3,250,000 ; sur 1846, 2 millions.
2. L'armement de sûreté s'établissait à cette époque en temps de
guerre dans toutes les places de première ligne et dans celles qui
étaient à moins de 5 journées de marche de l'ennemi. L'armement
de défense s'établissait dans les places quand elles étaient menacées
d'investissement.

l'enceinte avant d'avoir réduit les forts dont la partie menacée tire sa protection. Il y avait également lieu de considérer l'importance des obstacles que l'agresseur aurait à surmonter pour les investir et pour amener sous Paris le matériel nécessaire. Le duc de Dalmatie ne supposait pas que plus de deux ou trois forts pussent être attaqués simultanément et il calculait que, après les avoir réduits, 300 bouches à feu seraient nécessaires pour attaquer l'enceinte. Il fallait donc être en mesure de leur en opposer un plus grand nombre. En outre 20 batteries de campagne étaient prévues pour les sorties et le service des ouvrages temporaires. Quant aux forts, il était préférable de leur donner à l'avance leurs moyens propres et le projet déterminait pour chacun d'eux un armement qui devaient en assurer la défense.

Le gouvernement n'avait compris dans les évaluations que les canons à placer sur les remparts et qui devaient être fabriqués en vue de cette destination. Les dépenses relatives aux armes portatives et aux batteries de campagne ne figuraient pas dans ce travail, car les magasins renfermant un approvisionnement considérable de ce matériel s'alimentaient encore par la fabrication courante. Le crédit réclamé s'éle-

vait à 17.750,000 fr. à répartir en cinq années.
Sur cette somme il était demandé 1,550,000 fr.
pour 1845 et 4,050,000 fr. pour 1846.

M. Allard fut choisi comme rapporteur par la
commission, qui, tout en donnant un avis favorable
au projet, réduisit le montant de la dépense à
14,130,000 fr. et n'alloua pour les deux premières
années que 4,280,000 francs [1].

Dans son exposé des motifs le ministre de la
guerre avait annoncé que les bouches à feu
déstinées à l'armement de Paris seraient déposées
à Bourges. Au sein de la commission, répondant à
ceux qui pensaient que le droit commun laissait
au pouvoir une faculté dangereuse pour les
libertés publiques et dont par suite il leur semblait
urgent de resteindre l'usage, le maréchal Soult
avait de nouveau déclaré que, si par cette mesure
le gouvernement voulait rassurer les esprits les
plus défiants, il entendait conserver sa pleine
liberté d'action et repousserait toute disposition
législative tendant à la restreindre.

Sans apprécier à leur juste valeur les suscep-
tibilités légitimes qui avaient motivé la détermination du gouvernement et bien que son rapporteur
ait assuré que, en cas de guerre, le matériel serait

---

1. Sur 1845, 1 million; sur 1846, 3,280,000.

amené par le chemin de fer assez rapidement
pour qu'il ne pût y avoir, au point de vue
militaire, aucun inconvénient, la commission
crut devoir insérer dans la loi, postérieurement à
la distribution du rapport, un article additionnel
spécifiant que les bouches à feu seraient déposées
à Bourges et ne pourraient être transportées à
Paris qu'en cas de guerre.

Cependant M. Corne ne se considéra pas
comme satisfait. Suivant lui on ne pouvait laisser
enlacer le siège du gouvernement représentatif
dans un réseau de forteresses dont un pouvoir
usurpateur saurait user contre les citoyens.
M. Joly ajouta que si Charles X avait eu des
canons au Mont-Valérien, la révolution de 1830
n'aurait pas été accomplie ; M. de Lamartine
enfin signala la gravité du danger « que cette
institution de pierre et de bronze élevait devant
notre avenir constitutionnel ». C'est ainsi que les
mesquines préoccupations de leurs luttes parlementaires empêchèrent ces députés de prévoir
qu'un jour les mêmes remparts, permettant à la
capitale de soutenir un siège prolongé, assureraient
à la France la gloire d'une défense poussée même
au delà des limites de ce que l'honneur réclamait.

La Chambre adopta les modifications deman-
dées par la commission et le gouvernement dut

subir l'adjonction de l'article relatif au dépôt à
Bourges du matériel d'armement. Cette disposition
insolite fut vivement critiquée devant la Chambre
des pairs par le rapporteur, le baron de Gourgaud.
Les membres de cette assemblée ne voulurent
point toutefois, de l'avis même de leur commission,
en prononcer la suppression, qui eût ajourné le
vote définitif de la loi et produit par suite de graves
inconvénients. D'ailleurs la défense de Paris n'oc-
cupait pas à elle seule la sollicitude des pouvoirs
publics. Déjà en 1841 un crédit de 47,280,900 fr.
avait été affecté à vingt-huit places de guerre. L'année précédente les fortifications du Havre avaient
reçu une allocation de 5,880,000 fr. et dans le courant de la session de 1845, le ministre de la guerre
vint réclamer un autre crédit de 18,140,000 francs.
Sur ce crédit, 9,790,000 fr. étaient destinés
à l'achèvement des travaux extraordinaires de
diverses places [1] en augmentation des sommes
dont elles avaient été dotées par la loi du 25 juin
1841 et 8,350,000 fr. à des travaux à entreprendre
du côté de la mer dans le rayon de défense des
ports de Brest, de Lorient et de Toulon.

Le projet fut adopté avec quelques modifications que le rapporteur, le baron de Chabaud-

---

1. Dunkerque, La Fère, le Portalet, Grenoble, Besançon, Sedan,
Soissons et Lyon.

Latour, apporta dans sa rédaction en spécialisant
les crédits par place de guerre ainsi que le voulait
la commission du budget et en indiquant pour
chacune d'elles les sommes à employer dans le
courant de 1845 et de 1846. Enfin une autre loi
vint allouer 188,000 fr. à la reconstruction de
l'arsenal d'Amiens, bâti à l'intérieur de la ville
et qui fut reporté dans la citadelle où il devait
être sous le rapport militaire plus convenablement
placé.

Les pouvoirs publics avaient ainsi pourvu à la
sécurité du territoire, mais ils devaient aussi faire
face aux besoins que nécessitait la conquête de
notre grande colonie africaine. Le Parlement
avait fixé pour 1845 à 60,000 hommes l'effectif
de l'armée d'Afrique, fixation qui était loin de
correspondre aux besoins. Aussi le ministre de la
guerre, en présentant le budget de 1845, avait-il
annoncé qu'il se réservait, le cas échéant, de
recourir aux demandes de crédits extraordinaires.
En effet, les circonstances avaient exigé en
1844 une augmentation d'effectif de 21,200
hommes, de sorte que, au 1ᵉʳ janvier 1845, les
forces de l'armée d'Algérie s'élevaient à 82,000
hommes, non compris les troupes indigènes.
Leur entretien et celui de 1,617 chevaux qui
dépassaient également les prévisions du budget

occasionnaient une dépense de 10,819,035 fr. à laquelle s'en ajoutaient diverses autres réclamées pour la colonisation, les desséchements, l'établissement de pénitenciers agricoles, et nécessitées par les besoins de plusieurs importants services administratifs de notre nouvelle possession. En résumé les dépenses non prévues formaient, en ce qui concernait l'Algérie, un total de 14,439,035 fr. auxquels venaient encore s'adjoindre certaines dépenses imprévues relatives aux divisions territoriales de l'intérieur. Réunies à celles de l'Algérie, elles atteignaient le chiffre de 14,886,000 francs. Toutefois, ce total se trouvait abaissé à 13,373,000 fr. par suite de l'annulation d'une somme de 1,513,000 fr. au titre des divisions territoriales de l'intérieur dont l'effectif subissait une réduction proportionnelle à l'augmentation de celui de l'armée d'Afrique.

La commission ramena à 14,787,000 fr. le crédit que son rapporteur M. Magne proposa à la Chambre d'accorder au gouvernement. Les diminutions qu'elle opéra s'élevaient à 74,000 fr. pour l'Algérie et avaient trait à des travaux sur le territoire arabe ainsi qu'au service de la justice. A l'intérieur elle supprima entièrement le crédit de 25,000 fr. demandé pour le dépôt général de la guerre et la nouvelle carte de France, se fondant sur ce que la commission du budget préparait un travail d'ensemble relativement aux ordonnances de réorganisation des ministères.

Au cours de la discussion, M. Abraham-Dubois signala avec amertume la composition de la population civile de l'Algérie qui, sur 86,000 Européens, ne comprenait que 44,800 Français. Ce député craignait que, en cas de guerre européenne, cette population d'origines si variées ne fût pas d'un secours bien sûr. Il adjurait le gouvernement d'établir entre les serviteurs de l'État une patriotique émulation leur faisant tenir à honneur de consacrer quelques années de leur carrière au service de l'Algérie, patriotique appel qui ne devait pas être entendu.

M. Gustave de Beaumont vint ensuite attaquer le gouvernement au sujet des lenteurs apportées par l'empereur du Maroc à la ratification du traité du 8 mars 1845, relatif à la délimitation des territoires algérien et marocain. Mais M. Duchâtel, chargé par intérim du portefeuille des affaires étrangères, refusa de s'expliquer sur une question qui était encore en suspens. Ce traité ne fut ratifié que le 20 juin 1845 par l'empereur Abd-el-Rhaman, à la suite des déclarations comminatoires que le gouvernement français jugea nécessaire de lui adresser. La Chambre des députés adopta le projet avec les modifications que la commission y avait apportées ; la loi votée à la Chambre des pairs fut promulguée le 10 juillet.

Le souci de notre honneur militaire ne faisait pas négliger au gouvernement le développement progressif des travaux publics qui devaient apporter par l'établissement de voies ferrées les bienfaits de la civilisation et l'aisance jusque sur les points les plus reculés du royaume.

La loi du 11 juin 1842, tout en décidant que les charges occasionnées par la construction des grandes lignes de chemins de fer seraient supportées par l'État, les départements et les communes, avait admis néanmoins que ces lignes pourraient, le cas échéant, être concédées à l'industrie privée. Dès 1837, en effet, les capitalistes avaient abordé, avec l'assentiment de l'administration, des entreprises de cette nature, mais divers essais infructueux avaient aussitôt ralenti leur ardeur. Vers le même temps, plusieurs votes des Chambres avaient poussé le gouvernement à se charger d'entreprendre aux frais du Trésor les lignes principales. C'est dans cet état de choses qu'avait été votée la loi de 1842. Les chantiers s'étaient aussitôt ouverts sur toutes les portions du territoire et, comme à ce moment même l'industrie privée se relevait de son abattement, grâce aux succès de quelques-unes des entreprises tentées par elle, plusieurs compagnies s'offrirent en 1845 pour terminer la ligne de Paris à la frontière belge, ainsi que ses embranchements sur la mer.

Il n'y avait pas lieu de refuser des offres pouvant procurer à l'État des économies considérables. D'ailleurs, d'après le système de la loi de 1842, c'était à l'industrie privée que devait être confiée pour un temps déterminé l'exploitation de cette ligne. Il suffisait donc, ainsi que le faisait observer le ministre des travaux publics dans l'exposé des motifs du projet de concession, d'augmenter la durée du traité de quelques années de façon à couvrir la part nouvelle des dépenses que les capitalistes prendraient par suite à leur compte.

La ligne du Nord, suivant le tracé voté, se dirigeait par Amiens et Arras vers Douai, où elle se divisait en deux sections allant rejoindre la frontière belge, l'une par Lille, l'autre par Valenciennes. De Lille, un double embranchement vers la mer se subdivisait à Hazebrouck sur Calais et sur Dunkerque. Les sections de Douai à Lille et de Douai à Valenciennes étaient déjà livrées à l'exploitation. Les travaux de la partie comprise entre Paris et Douai se trouvaient fort avancés, mais par rapport aux embranchements de Lille à Calais et à Dunkerque la période des études n'avait pas été dépassée.

Selon le ministre, les avances de la compagnie devaient s'élever à 150 millions de francs. Si, de 7 0/0 du capital que représenterait le produit net, on affectait 6 0/0 à l'intérêt industriel de l'opération, il resterait 1 0/0 à l'amortissement. Le capital pourrait être ainsi amorti à raison d'un intérêt de 4 0/0 en quarante-deux années environ.

Le projet de loi proposait donc de concéder par voie de publicité et de concurrence la ligne de Paris à la frontière belge et son embranchement vers Calais et Dunkerque pour une durée qui ne devait pas dépasser ce nombre d'années et de procéder en même temps pour soixante-quinze ans au plus à la concession d'un chemin de fer de Creil à Saint-Quentin, localité laissée en dehors du réseau lors de l'adoption du tracé. Plusieurs compagnies avaient proposé de rattacher à la ligne d'Amiens cette ville, importante par son industrie, et de prendre à leur compte la totalité des dépenses que comporteraient les travaux.

Nul ne devait être admis à concourir s'il n'avait obtenu l'agrément préalable du ministre, et les personnes qui ouvriraient des souscriptions en vue de ce concours étaient tenues de

verser tous les dix jours à la caisse des dépôts
et consignations les sommes qu'elles auraient
reçues.

La commission réduisit de quarante-cinq ans
à trente-trois ans la durée de la concession de
la ligne de Paris à la frontière belge. Elle
substitua au versement des sommes encais-
sées le dépôt au ministère des travaux publics
du registre à souche d'où auraient été détachés
les titres délivrés aux souscripteurs. Elle modifia
dans un sens plus large diverses autres entraves
que le projet, dans un esprit de sollicitude
peut-être exagérée à l'égard des souscripteurs,
avait opposées à la négociation prématurée des
actions.

En effet, en présence de la passion qui
saisissait la Bourse pour les affaires de chemins
de fer, il était aisé de reconnaître une propension
à escompter les entreprises plutôt qu'à s'y engager, une fièvre de spéculation plutôt qu'une activité industrielle. Quant au montant des avances
que l'État aurait encore à faire, la commission
maintint le chiffre prévu par le gouvernement :
à savoir 12 millions sur l'exercice 1845 et 5
millions sur l'exercice 1846.

Ce projet fut combattu par M. Gaulthier de
Rumilly qui, pensant entraver ainsi un agiotage

dangereux et redoutant de voir aliéner pour une aussi longue durée la possession de cette importante voie ferrée, trouvait préférable d'appliquer à la ligne du Nord le système de la construction par l'État.

La Chambre adopta le principe de la concession et sur la proposition de M. Galos et de M. Berryer la durée en fut portée à quarante-un ans. M. Delebecque et le comte Roger du Nord obtinrent la création vers Hazebrouck d'un nouvel embranchement qui, se séparant de la ligne principale à Fampoux près d'Arras, évitait aux voyageurs se rendant de Paris à Dunkerque et à Calais le détour par Lille. Le maximum de durée de la concession fut fixé pour cette section à soixante-quinze ans comme pour celle de Creil à Saint-Quentin. Les crédits alloués furent élevés à 13 millions pour 1845 et à 6 millions pour 1846, surcroît de dépense de 2 millions occasionné par ce fait que la gare d'Amiens avait été comprise au nombre de celles qui devaient être construites par l'État, sauf à l'État à se faire rembourser.

A l'obligation demandée par la commission de déposer au ministère des travaux publics le registre à souche d'où seraient détachés les titres, la Chambre substitua pour les compagnies dont les souscriptions auraient été ouvertes

IV.   3

antérieurement à la loi, la présentation de l'état constatant les engagements réciproques des fondateurs et des souscripteurs. Ces derniers étaient rendus responsables jusqu'à concurrence du 5/10me du versement du montant de leurs souscriptions.

Cette loi, vivement combattue à la Chambre des pairs par le général Cubières, n'en fut pas moins adoptée par cette assemblée à la majorité de 103 voix contre 5.

Un projet tendant à la double concession des chemins de fer de Paris à Lyon et de Lyon à Avignon avait été déposé dans la séance du 17 mars. La première de ces deux lignes se trouvait déjà dotée de 82 millions [1], de sorte qu'entre Dijon et Châlons les travaux étaient presque terminés et que les études avaient pu être poussées avec vigueur entre Paris et Dijon. D'après l'avant-projet soumis aux Chambres dans la session précédente, la ligne de Lyon, tracée par Corbeil, devait emprunter, au départ de Paris, sur un parcours d'environ 30 kilomètres, la voie d'Orléans, tout en ayant à Paris une gare distincte sur la rive gauche de la Seine.

1. Lois du 11 juin 1842 et du 26 juillet 1844.

Depuis lors, les communes de la Brie n'avaient
cessé de réclamer l'établissement du tracé par
Melun. Le conseil général des ponts et chaussées
avait donné son assentiment à cette nouvelle direction plus courte que celle qui passait par Corbeil
et plus avantageuse aussi pour le concessionnaire.
Le ministre des travaux publics proposa donc de
l'adopter et par suite de reporter le point
terminus sur la rive droite de la Seine près des
fossés de la Bastille.

Le développement total de la ligne, 515 kilomètres, l'importance des travaux d'art, la traversée
d'une partie de la ville de Lyon faisaient évaluer
la dépense, y compris la fourniture du matériel
d'exploitation, à 180,250,000 francs. Le ministre
estimait qu'une compagnie prudente devait porter
son fonds de roulement à 200 millions et il fixait
à quarante-cinq ans le maximum de durée de la
concession. Le revenu probable évalué à 50,000
fr. par kilomètre donnait un revenu brut de
25,750,000 francs. En déduisant de cette somme
pour frais d'administration 45 0/0 il restait un
produit de 14,162,500 fr, soit 7 0/0 du fonds social.

La commission à l'unanimité se rallia à ce
nouveau tracé. Frappée néanmoins des réclamations qu'élevèrent aussitôt la ville de Corbeil
et les populations voisines, elle demanda à la

Chambre, qui partagea cet avis, d'autoriser l'administration à faire la concession d'un embranchement reliant cette localité à la ligne de Lyon près de Melun et par suite d'étendre à ce tronçon, dont la longueur ne dépasserait guère 23 kilomètres, le droit résultant pour le ministre de l'article 3 de la loi du 3 mai 1841 [1].

Par la création de cet embranchement, la Chambre établissait une seconde ligne entre Paris et Melun. Les compagnies exploitant les sections de Paris à Corbeil et de Corbeil à Melun allaient-elles avoir, en vertu du libre parcours, le droit de faire circuler leurs trains entre Melun et Lyon et de faire ainsi concurrence à la ligne de Paris à Lyon ? Pour obvier à cet inconvénient MM. Luneau et Bineau firent adopter un amendement qui stipulait que la faculté de libre parcours ne serait exercée ni par la compagnie concessionnaire du chemin de Lyon sur l'embranchement précité, ni par la compagnie concessionnaire de l'embranchement sur la ligne principale, sans le consentement des deux sociétés et sans l'autorisation de l'administration supérieure.

---

1. Aux termes de cet article, une ordonnance royale suffisait pour autoriser l'exécution des embranchements de moins de 20 kilomètres.

En vue de subvenir aux dépenses que l'État aurait encore à faire pour l'achèvement du chemin entre Dijon et Châlons et pour le règlement définitif des comptes, il fut ouvert sur 1845 un crédit de 5 millions auquel il dut être pourvu conformément à l'article 18 de la loi du 11 juin 1842.

Nous avons vu plus haut que par le même projet la Chambre était saisie d'une proposition tendant à la concession de la ligne de Lyon à Avignon. Le chemin reliant la seconde de ces deux villes à Marseille avait été déjà concédé à une compagnie qui en poursuivait la construction avec activité. Entre Lyon et Avignon les études avaient été entreprises à l'aide d'un fonds de 500,000 fr. alloué en 1833, et, dès 1837, l'administration avait pu soumettre aux Chambres un projet de tracé qui, sauf quelques modifications de détail, pouvait être maintenu. La longueur en était de 230 kilomètres. Les travaux résultant du contact presque continu de cette ligne avec le Rhône, la présence en divers points de coteaux escarpés bordant le fleuve, la traversée de la moitié de la ville de Lyon faisaient évaluer à 320,000 fr. le prix moyen du kilomètre et il était dès lors nécessaire de porter le fonds social à 80 millions.

Le revenu net semblait devoir atteindre
5,313,000 fr., c'est-à-dire environ 6 fr. 75 0/0 du
fonds social. En attribuant 6 0/0 à l'entreprise
il restait 0 fr. 75 à l'amortissement, part suffisante pour éteindre le capital en 47 ans. La Chambre fixa le maximum de durée de la concession à
quarante-cinq ans. En outre, sur l'avis de la commission, elle autorisa le ministre, bien que les
études à cet égard fussent insuffisantes pour
arrêter un tracé, à concéder pendant cinquante
années un embranchement sur Grenoble, embranchement compris dans la loi générale de
1838.

Le projet, rapporté devant la Chambre des
pairs par M. Bérenger, y fut adopté à une grande
majorité.

Le vote de ces deux lois dotait la France d'une
voie ferrée qui la traversait dans toute sa longueur et reliait par Paris la Manche à la Méditerranée. Joindre l'Océan au Rhin, rattacher
Nantes à Strasbourg tel était l'objet d'un autre
projet déposé par le gouvernement et relatif à la
double concession des lignes de Tours à Nantes
et de Paris à Strasbourg.

Le chemin de Paris à Orléans était livré à la
circulation depuis deux ans et celui d'Orléans à
Tours, sur le point d'être ouvert, venait d'être con-

cédé. La ligne de Tours à Nantes qui leur faisait suite se trouvait dotée par la loi de 1844 d'une allocation de 28,800,000 fr. grâce à laquelle les terrassements et les ouvrages d'art avaient été entrepris sur la plus grande partie du parcours dont le développement total était de 192 kilomètres. Les dépenses à la charge de l'État devaient atteindre 30 millions pour l'acquisition des terrains et pour les travaux, et 27 millions pour l'organisation, la pose de la voie et l'achat du matériel, soit ensemble 57 millions. Quatre années étaient encore nécessaires à l'achèvement de la ligne et, pour que les actionnaires fussent admis à toucher, selon l'usage, jusqu'au jour de la mise en exploitation un intérêt de 4 0/0, la compagnie était dans l'obligation de réunir un capital d'environ 62 millions. Les évaluations ne permettaient pas d'espérer un revenu net supérieur à 13,000 fr. par kilomètre soit une recette totale de 2,496,000 fr., c'est-à-dire environ 4 0/0 du capital à débourser. Par suite il était à supposer que l'industrie privée se risquerait difficilement dans une entreprise de cette nature sans réclamer une concession de quatre-vingt-dix-neuf ans. Il semblait donc préférable de laisser le chemin de Tours à Nantes sous le régime de la loi de 1842. Le gouvernement, d'autre part, tenait à placer les deux

ports rivaux de Nantes et de Bordeaux dans des
conditions identiques. Il fallait par suite que les
concessions des lignes de Tours à Bordeaux et de
Tours à Nantes prissent fin à des époques peu
éloignées l'une de l'autre de façon à conserver à
l'administration la faculté de remanier alors, suivant les besoins, les deux cahiers des charges.
Pour obtenir ce résultat il était indispensable
d'étendre au chemin de Tours à Nantes, le bénéfice de la loi de 1842, déjà accordé au chemin de
Tours à Bordeaux.

Cette proposition, que le Parlement adopta,
réduisait le montant du capital à débourser par la
compagnie d'une façon suffisante pour qu'il fût
possible de lui imposer néanmoins l'obligation
de rembourser à l'État le prix des terrains évalué
à 30,000 fr. par kilomètre et pour limiter à trente-
cinq ans la durée de la concession.

Le service des travaux sur le chemin de fer de
Paris à Strasbourg ainsi que sur les embranchements de Reims et de Metz avait été organisé
l'année précédente aussitôt après la promulga-
tion de la loi qui avait décrété l'établissement de
ces lignes. Toutefois, à la demande des ingénieurs
chargés de la construction, les Chambres subs-
tituèrent au tracé par Claye un tracé par Lagny
ayant pour avantage de desservir une région cou-

verte d'usines et de maisons de campagne. Sans
s'arrêter à l'idée de placer près de la Bastille la
gare de Paris qui primitivement devait être établie entre la rue Lafayette et la place de l'église
Saint-Laurent, elles décidèrent de la reporter sur
les terrains compris entre le faubourg Saint-Martin
et le faubourg Saint-Denis.

La dépense résultant pour l'État de la construction de la ligne de l'Est dont la longueur y
compris les embranchements était de 586 kilomètres, n'était pas inférieure à la somme de
100,200,000 fr. allouée par la loi de 1842 et par
celle du 2 août 1844. D'autre part, on ne pouvait
estimer à moins de 82,040,000 fr. la pose de la
voie et l'acquisition du matériel, ce qui constituait une dépense totale de 182,240,000 francs.
L'éxécution des travaux devait durer six ans. Si
le chemin de Strasbourg et ses embranchements
étaient entièrement éxécutés par une compagnie,
il fallait ajouter au capital de premier établissement l'intérêt de ce capital pendant trois ans au
moins, c'est-à-dire 21,868,800 fr. et évaluer à
204 millions les charges que cette société aurait
à supporter.

Comme le revenu kilométrique prévu, 13,750
fr. par kilomètre, ne permettait pas plus que pour
la ligne de Nantes de rencontrer un concession-

naire limitant son privilège à une durée inférieure
à quatre-vingt-dix-neuf ans, durée dont la longueur offrait selon le ministre à cause de l'importance de cette voie de sérieux inconvénients,
les Chambres décidèrent de faire encore l'application de la loi du 11 juin 1842 et de fixer la
concession à quarante-cinq ans. La dépense à la
charge de la compagnie se trouvait ainsi réduite à
88,603,200 fr., somme qui permettait de lui imposer quelques charges nouvelles. Aussi fut-il décidé
que l'État, n'exécutant, dans le système de la loi
précitée, que la ligne principale et celle qui s'en
détachait vers Reims, laisserait totalement à la
charge de la compagnie l'embranchement vers
Metz avec l'obligation de le prolonger jusqu'à la
frontière.

Pour n'avoir plus à parler des chemins de fer
dont le Parlement eut à s'occuper au cours de
cette session, ajoutons que par une loi promulguée
le 19 juillet les Chambres adoptèrent le projet
concédant les embranchements de Dieppe et de
Fécamp sur la ligne du Havre, et celui d'Aix sur la
ligne d'Avignon à Marseille. Elles décidèrent que
la concession des deux premiers ne pourrait excéder, quant à la durée, celle du chemin de Rouen,
et la fixèrent à quarante-cinq ans pour le dernier.

Une disposition de la loi du 11 juin 1842 avait

appelé les départements et les communes traver-
sées par les voies ferrées à contribuer pour les
deux tiers aux frais de leur établissement. On
avait admis en effet que les régions qui allaient
retirer des avantages immédiats de ce nouveau
mode de transport devaient supporter, de concert
avec l'État, une partie des charges résultant de la
construction. Mais par suite de la décision prise,
comme on vient de le voir, d'adjuger plusieurs
lignes principales à des compagnies qui se char-
geaient de toutes les dépenses, le gouvernement
avait pensé qu'alors que l'on gratifiait les plus
riches contrées de si grands avantages il était
équitable de les étendre aux régions moins favo-
risées que traverseraient les voies ferrées construites par l'administration.

En présentant cette proposition aux Chambres,
qui l'adoptèrent sans débat, le ministre des finances avait d'ailleurs fait observer que les ressources
dont l'État eût bénéficié par suite du concours
des départements et des communes pouvaient
être abandonnées sans inconvénient, au moment
où, par l'effet des concessions, les charges du
Trésor allaient être sensiblement atténuées.

Cette vigoureuse impulsion donnée à la mise
en service des voies ferrées ne faisait pas négliger au gouvernement l'amélioration des ports de

commerce que nécessitaient le développement du
trafic et l'accélération des communications. Il y
avait lieu de pourvoir également aux besoins des
ports militaires. Aussi le ministre de la marine
déposa-t-il, dans la séance du 6 mai, un projet
portant demande d'un crédit extraordinaire de
13 millions dont le montant était destiné à des
aménagements à faire tant à la petite rade de Toulon qu'au port de Port-Vendres.

L'établissement naval de Toulon se composait
d'un port, d'une grande rade et d'une petite rade
qui se trouvait tellement rétrécie par l'élévation
successive du fond, que les mouvements des
vaisseaux y devenaient difficiles. Comme il y avait
en outre tout avantage à donner à cette petite rade
une profondeur uniforme de 9 mètres 50 centi-
mètres, le ministre en proposait non seulement le
curage mais l'approfondissement sur une partie
notable de la surface. Il demandait aussi la construction, au point de partage entre les deux rades,
de deux jetées, construction ayant pour effet de
rétrécir la passe, et d'opposer, en cas de guerre
maritime, un obstacle sérieux aux attaques de
l'ennemi. La dépense qu'entraînaient ces diverses
opérations était évaluée à la somme de 10,500,000
francs. De plus, la France ne possédant qu'un port
militaire dans la Méditerranée et Port-Vendres,

en raison de sa situation non loin de la frontière
d'Espagne, au pied des Pyrénées, étant en général
choisi comme point d'embarquement pour les
troupes expédiées de l'ouest et d'une partie du
midi de la France à destination de l'Algérie, le
département de la marine proposait d'établir à
Port-Vendres une jetée et d'approfondir l'avant-
port ainsi que le bassin du commerce. Une
somme de 2,500,000 fr. était nécessaire pour
assurer l'éxécution de ce projet. Les Chambres
lui donnèrent leur adhésion, mais le modifièrent
en ce sens que, ces travaux ayant le caractère
de travaux extraordinaires, la dépense répartie
entre trois exercices dut être provisoirement
imputée sur les ressources de la dette flottante, conformément à l'article 18 de la loi du
11 juin 1842.

Le gouvernement obtint aussi sans difficulté
sur les mêmes ressources un crédit de 28,700,000
fr. pour l'amélioration de divers ports de commerce[1]. Enfin une autre loi affecta 7 millions à
l'établissement du bassin à flot de Saint-Nazaire.

La prospérité commerciale de Nantes était
menacée par l'état de la Loire que seuls pouvaient

1. Dunkerque, Calais, Boulogne, Fécamp, Port-en-Bessin,
Granville, Morlaix, île de Batz, Port-Launay, Lorient, Marans, Les
Sables, Bandol et Bastia.

remonter les bateaux de cabotage. « Améliorer le
port de Saint-Nazaire, disait le ministre des travaux
publics, M. Dumon, c'est procurer au port de
Nantes les facilités que réclame depuis longtemps
le commerce de cette importante cité. » Le choix
de l'emplacement du bassin à flot avait donné
lieu à de vives compétitions. Les habitants de la
ville de Paimbœuf où de vastes établissements
maritimes étaient établis et dont la rade servait
de transbordement firent de pressantes démar-
ches pour obtenir dans leur port la création du
bassin à flot ; mais la commission d'enquête et la
chambre de commerce de Nantes avaient donné
la préférence à Saint-Nazaire, localité plus rappro-
chée de l'embouchure et placée sur une partie
plus profonde du fleuve. Leur opinion prévalut.
L'extension que cette ville a depuis lors acquise
a pleinement justifié ce choix. A l'heure actuelle,
des paquebots qui relient la France à l'Amérique
centrale y ont leur point d'attache et desservent
plusieurs de nos possessions éloignées.

A l'époque qui nous occupe, nos colonies tra-
versaient une phase pénible. L'amélioration du
sort des esclaves mettait le gouvernement dans
l'obligation d'atténuer autant que possible pour
les colons les effets de la réforme humanitaire
qui était en train de s'accomplir. Le ministre

de la marine vint en conséquence demander
l'ouverture d'un crédit de 600,000 fr. pour
transporter aux colonies des ouvriers européens et les associer aux travaux des affranchis,
tout en introduisant quelques perfectionnements
dans la culture tropicale. Il était absolument
nécessaire de réhabiliter l'agriculture aux yeux
des noirs accoutumés à la considérer comme la
condition presque exclusive de l'esclavage. Les
premiers essais devaient être tentés aux Antilles
où plusieurs colons avaient récemment introduit
avec succès des travailleurs européens.

La loi sur le régime des esclaves[1], en discussion devant les Chambres, donnait aux nègres la
faculté de se racheter ou de racheter leurs ascen-
dants et descendants. Il était probable que notamment à la Martinique et à la Guadeloupe le chiffre
des affranchis serait dès la première année d'autant plus élevé que la charité viendrait en accroître le nombre. En outre le gouvernement s'était
engagé, comme il en avait le devoir, à libérer les
1200 esclaves qu'il possédait dans nos colonies.

Toutefois de cette mesure si hautement équitable résulteraient sans doute pendant un certain
temps la désorganisation des ateliers par le

1. Loi du 18 juillet 1845.

départ des esclaves les plus intelligents qui seraient les premiers à se racheter ; l'abandon de
la culture et de la préparation des denrées coloniales par ces anciens esclaves tentés de se déro-
ber aussitôt au genre même de travail auquel ils
avaient été assujettis ; chez les colons enfin l'ap-
préhension d'avoir à employer comme ouvrier
salarié et libre l'homme qui la veille était en leur
pouvoir.

Pour obvier à ces inconvénients il fut décidé
que l'affranchi serait tenu de justifier d'un engagement de travail pendant cinq années, avec
obligation pour lui de le contracter chez un propriétaire rural, si avant d'être libre il était employé
à la culture. La formation des établissements
agricoles d'autre part avait pour effet de procurer
du travail à ceux qui ne trouveraient pas d'engagement.

La question de l'émancipation se compliquait
aussi, par suite de la dépopulation de la race
noire, d'une question de colonisation, car le
nombre des esclaves mâles importés aux colonies
avait toujours été supérieur à celui des femmes.
Par suite, à la Guyane[1], malgré l'incontestable

---

1. Sur 5,400,000 hectares, 11,826 seulement étaient en valeur
à la Guyane.

fertilité du sol, de grandes étendues de terre restaient incultes faute de bras. De nombreux colons
s'y étaient associés en vue de remédier à cet état
de choses, et, de concert avec des capitalistes
de la métropole, ils proposaient de concourir
par l'apport de leurs propriétés, et leur intervention directe à la formation d'une compagnie de
colonisation et à l'émancipation des nègres. Le
capital de cette société devait se composer de la
somme des valeurs représentant le prix des esclaves, des plantations et des établissements agricoles. L'État devait assurer soit par une garantie
d'intérêt, soit par une subvention, le cours régulier des titres. Dès lors une opération préliminaire
s'imposait : l'évaluation des valeurs mobilières
et immobilières de la colonie.

Après entente avec le ministre de la marine, la
commission, dont le rapporteur fut le vicomte
d'Haussonville, proposa à cet effet une allocation
de 50,000 fr. à laquelle elle ajouta une somme
de 400,000 fr. pour permettre au gouvernement
d'accorder quelques secours aux esclaves auxquels il ne manquerait que peu de chose pour se
libérer et cela dans des cas particulièrement inté-
ressants.

La Chambre fixa à 930,000 fr. l'ensemble des
crédits qui furent ainsi répartis :

Introduction de cultivateurs européens
  aux colonies.   120,000
Formation d'établissements agricoles.   360,000
Évaluation des propriétés à la Guyane.   50,000
Concours au rachat des esclaves.   .   400,000

                Total. . . .   930,000 ·

Il devait être pourvu à cette dépense au moyen
des ressources des exercices 1845 et 1846[1].

La Chambre décida en outre, à la demande de
M. Duprat, que les fonds affectés à chacun de ces
deux exercices seraient répartis proportionnelle-
ment entre les différents crédits et elle adopta,
sur la proposition de M. Dubois, de la Loire-
Inférieure, un article additionnel, portant que le
gouvernement devrait rendre compte annuellement de la subvention affectée par la loi du
25 juin 1839 à l'instruction élémentaire et reli-
gieuse des esclaves. La loi, votée peu de jours
après à la Chambre des pairs, fut promulguée
le 19 juillet.

L'affranchissement des noirs avait pour conséquence indispensable la répression absolue de la
traite. Afin d'arriver par des moyens plus efficaces
à la suppression complète de ce monstrueux

1. Sur l'exercice 1845, 300,000 francs ; sur l'exercice 1846,
630,000 francs.

trafic, le roi des Français avait conclu le 29 mai
précédent avec la reine d'Angleterre un traité
ayant pour objet de substituer aux conventions
de 1831 et de 1833 des dispositions nouvelles
aux termes desquelles la France et la Grande-
Bretagne devaient entretenir chacune sur les
côtes occidentales de l'Afrique une division composée de 26 vaisseaux tant à voiles qu'à vapeur.

Les besoins des autres stations navales restant
les mêmes, il était nécessaire de mettre en activité des bâtiments désarmés. A cet effet le ministre de la marine réclamait un crédit extraordinaire s'élevant, sur l'exercice 1845, à 943,000 fr.
et, sur l'exercice 1846, à 2,817,000 francs. D'autre part, comme en raison de l'insuffisance du
nombre de bâtiments à vapeur, il avait fallu
compléter provisoirement avec des voiliers la
division des côtes d'Afrique, l'amiral de Mackau
demandait en outre l'ouverture sur l'exercice
1846 d'un crédit de 6 millions pour subvenir
à la construction et à l'armement de 7 vaisseaux
à vapeur. Ce dernier crédit devait, sous le nu-
méro 10 *bis*, faire l'objet d'un chapitre spécial au
budget de la marine et des colonies pour 1846.
L'ensemble du projet fut adopté sans discussion
par les deux Chambres.

Par diverses lois le Parlement alloua également sur les ressources accordées par la loi de finances du 4 août 1844 pour les besoins de l'exercice 1845 les crédits suivants :

Complément des dépenses secrètes de l'exercice 1845.	1,000,000
Indemnité relative à l'alignement du séminaire Saint-Sulpice. . . .	84,000
Appropriation au service de la Chambre des députés d'une partie du Palais-Bourbon.	184,000
Restauration et agrandissement de divers édifices publics. . . .	499,000
Translation aux Invalides des restes mortels des deux grands maréchaux du palais Bertrand et Duroc.	50,000
Secours aux bureaux de charité. .	200,000
Inscription de pensions militaires. .	600,000
Achèvement de divers édifices publics.	1,235,315
Achèvement et restauration de monuments historiques.	2,176,000
Acquisition de la collection minéralogique du marquis de Drée. .	112,000
Célébration des fêtes de juillet. .	200,000
Achèvement des palais des cours royales de Lyon et de Bordeaux.	1,239,520
Soit au total.	7,579,835

Enfin plusieurs autres lois votées au cours de la session portaient ouverture d'allocations générales s'élevant ensemble à 15,202,930 francs. Sur cette somme 10,361,000 fr. étaient affectés à la construction de plusieurs édifices destinés à des services publics et à la création de trois ponts sur des routes royales, dépense à laquelle il devait être provisoirement pourvu au moyen des ressources de la dette flottante, 3 millions étant affectés à l'exercice 1845 et 4,195,000 fr. à l'exercice 1846. Le surplus 4,841,930 fr. était applicable à la restauration de la cathédrale de Paris, à des travaux à exécuter à la Chambre des députés ainsi qu'aux réparations à faire à trois ministères et à l'école d'État-major. Les ressources accordées pour l'exercice 1845 ou à accorder pour les exercices suivants devaient faire face à cette dépense que l'exercice 1845 allait supporter pour 1,170,000 fr. et l'exercice 1846 pour 1,431,300 francs.

Toutes les charges qui pesaient sur le Trésor créaient au gouvernement le devoir de rechercher celles qu'il était possible d'atténuer. C'est dans cette vue que fut présenté par le ministre des finances le projet de loi sur les caisses d'épargne. Les débuts de cette institution qui comptait vingt-six années d'existence avaient

été pénibles. A l'origine les sommes déposées
dans les caisses d'épargne ne pouvaient être
employées qu'en achat de rente et bien des
gens, dans la crainte d'une baisse des fonds
publics, hésitèrent à y apporter leurs économies
jusqu'au jour où l'ordonnance du 3 juin 1829
vint autoriser le placement des dépôts au Trésor
et en assurer ainsi le remboursement intégral.
Par l'effet de cette mesure, par l'élévation du
maximum des versements de 50 fr. à 300 fr.
par semaine[1], le montant des fonds déposés
atteignit dès 1835 le chiffre de 37,015,492
francs. Une nouvelle impulsion résulta bientôt
après du vote de la loi du 5 juin 1835 qui
réglementait les rapports des caisses d'épargne avec le Trésor : à la fin de l'année 1836,
227 caisses possédaient déjà plus de 96 millions.
La loi du 31 mars 1837 intervint alors
pour prévenir un encombrement qui risquait,
faute d'emploi, de devenir onéreux pour l'État.
Le gouvernement fut autorisé à confier à la caisse
des dépôts et consignations la gestion de ces
fonds et à employer les versements jusqu'à concurrence de 102,312,600 fr. en rente 4 0/0 au
nom de cette caisse, tout en lui conservant la

1. Ordonnance du 16 juillet 1833.

faculté de placer les nouveaux dépôts au Trésor, soit en bons royaux, soit à échéance fixe. Malgré la défiance que suscita tout d'abord cette réglementation nouvelle, le montant des sommes déposées atteignait, au 1er décembre 1844, 375,963,251 fr. répartis entre 345 caisses d'épargne.

La caisse des dépôts et consignations, n'ayant pu trouver pour cette masse de fonds un emploi produisant l'intérêt qu'elle servait aux caisses d'épargne, avait dû en verser une part considérable au Trésor dont elle était ainsi créancière pour plus de 186 millions. Un grave inconvénient résultait pour l'État de l'exigibilité immédiate des capitaux et nécessitait les sérieuses modifications qu'apportait à la réglementation en vigueur le projet déposé par le ministre des finances.

M. Lacave-Laplagne rappelait à ce sujet que le but des caisses avait été « de recueillir des économies successives et non de recevoir des capitaux déjà créés. » Il fallait donc selon lui écarter ces versements parasites et les rendre moins faciles en modifiant la condition des dépôts.

Tout en laissant à chacun la faculté de déposer 300 fr. par le premier versement, le ministre des finances proposait d'en réduire pour les suivants le maximum hebdomadaire de 300 fr. à 100 fr.

par semaine. Néanmoins les sociétés de secours mutuels, les marins qui reçoivent, soit au moment de leur embarquement soit à leur retour, des sommes considérables, les militaires et particulièrement les remplaçants à qui l'on désirait faire placer avantageusement le prix de leur engagement, enfin les habitants de Paris, eu égard à l'élévation des salaires dans la capitale, conservaient, aux termes du projet ministériel, la faculté de verser par semaine la même somme que précédemment.

Le maximum de chaque crédit était abaissé pour les particuliers de 3,000 fr. à 2,000 fr. et ne pouvait atteindre que par l'accumulation des intérêts composés le chiffre antérieurement fixé. Quant aux sociétés de secours mutuels, la loi du 5 juin 1835 les avait autorisées à déposer jusqu'à concurrence de 6,000 francs. Le projet élevait jusqu'à 9,000 fr. leur crédit par l'accumulation des intérêts composés.

M. Lacave-Laplagne estimait en outre que, pour écarter des caisses d'épargne « les capitaux déjà créés », il fallait les rendre payables seulement à terme. A cet effet son projet spécifiait que chaque déposant ne pourrait dans l'espace de deux mois retirer que 500 fr. soit en une fois, soit en plusieurs, et cela quinze jours après en

avoir fait la demande. L'excédent s'il était en
même temps réclamé ne serait remboursé qu'après
un délai de deux mois. Enfin, pour faciliter la
conversion des dépôts en rente et pour fami-
liariser la masse du public avec ce mode de
placement, le projet autorisait tout déposant,
dont le crédit serait suffisant pour acheter une
rente de 10 fr., à obtenir sans frais la conversion
de sa créance en une inscription au grand-livre
de la dette publique.

A ces mesures, qui devaient avoir un caractère
permanent, il fallait en adjoindre d'autres ayant
trait spécialement aux déposants alors en possession de leur créance. Le ministre des finances
avait été autorisé par l'article 35 de la loi du
25 juin 1841 à emprunter 450 millions au
moyen d'une émission de rentes, opération déjà
consommée pour 350 millions. Il proposait d'appliquer les 100 millions, solde de ce crédit, à
réduire la portion de la dette flottante formée
des versements des caisses d'épargne. Déjà en
1837, cette dette avait été exonérée des placements alors existants par la création d'une
rente correspondante à leur capital attribuée
à la caisse des dépôts et consignations. M. Lacave-Laplagne recherchait une combinaison
engageant les déposants à prendre directement

en leur nom les rentes qu'il voulait créer. Il pensait l'avoir trouvée en leur permettant de recevoir le titre au taux de 4 0/0, c'est-à-dire au même taux que la caisse des dépôts et consignations à laquelle les 100 millions à consolider seraient à leur défaut attribués. Mais, pour ne pas provoquer l'apport immédiat de nouveaux capitaux, il limitait cette faculté aux placements faits antérieurement à sa proposition et interdisait, sauf dans certains cas, tels que décès, tout transfert des rentes nouvelles jusqu'au 1ᵉʳ janvier 1847.

La commission, par l'organe de son rapporteur, M. Félix Réal, apporta au projet de loi quelques modifications parmi lesquelles il nous faut signaler le maintien à 300 francs du taux des versements hebdomadaires et l'autorisation pour les remplaçants des armées de terre et de mer de verser en une seule fois le montant total du prix stipulé dans leur acte de remplacement. Elle apporta quelques changements aux mesures proposées concernant l'exigibilité des remboursements, point sur lequel d'ailleurs la loi votée resta muette.

Des débats, auxquels M. Berryer prit une part importante, résulta le vote des dispositions suivantes : les déposants furent autorisés à verser 300 fr. par semaine sans qu'aucun compte pût dépasser 1,500 fr. de ce fait et 2,000 fr. par la capitalisation des intérêts. Les remplaçants des armées de terre et de mer reçurent le droit de déposer en une fois la totalité du prix de leur remplacement et les marins leur solde entière au moment de leur embarquement ou de leur débarquement. Tous dépôts ayant atteint le maximum, même ceux qui avaient été faits antérieurement à la loi, cessaient de porter intérêt. Cette restriction toutefois n'était pas applicable à ceux appartenant à des militaires. Les sociétés de secours mutuels continuèrent à être admises à verser jusqu'à concurrence de 6,000 fr. et leur crédit put en outre s'élever par l'accumulation des intérêts à 8,000 francs. Sous peine de perdre tout revenu, il fut interdit de posséder plus d'un livret de caisse d'épargne. Chaque déposant dont le crédit atteignait la somme suffisante pour acheter une rente de 10 fr. put obtenir sur sa demande la conversion sans frais de sa créance en une inscription au grand-livre de la dette publique.

La Chambre ajouta au projet diverses dispositions. Sur la proposition de M. Berryer elle décida qu'aucun versement ne pourrait être reçu sur un compte supérieur à 1,500 francs.

Le ministre des finances fut autorisé à faire inscrire au grand-livre la somme de 100 millions en rentes 4 0/0 qui durent être transférées au pair au nom de la caisse des dépôts et consignations pour le compte des caisses d'épargne. En cas d'aliénation par la caisse des dépôts et consignations de tout ou partie des rentes ainsi transférées, l'article 4 de la loi du 31 mars 1837 recevait son application[1].

La loi fut à la Chambre des pairs l'objet des vives attaques du président Boullet. Félicitant ses collègues d'avoir rendu la sécurité aux rentiers par le rejet de la conversion, il les conjura d'avoir la même sollicitude pour les classes laborieuses dont les économies se déversaient dans les caisses d'épargne et que les réformes projetées allaient particulièrement atteindre.

Le comte d'Argout fit valoir l'urgence qu'il y avait à imposer un temps d'arrêt aux versements exagérés et à transformer pour les capitaux cette institution en un simple lieu de passage les conduisant à un placement en rentes.

La haute assemblée comprit la nécessité de

1. La dotation de l'amortissement appartenant aux rentes 4 0/0 devait être accrue dans la proportion de 1 0/0 du capital des rentes aliénées.

ne pas compromettre plus longtemps la sûreté de
l'État par le maintien de cette organisation défec-
tueuse et, subordonnant l'intérêt des particuliers
à l'intérêt général, elle adopta la loi par 80 voix
contre 19.

En soumettant aux Chambres le projet de budget de 1846, le ministre des finances constatait
que le résultat, plus favorable que celui du budget
précédent, n'était pas cependant tel que pouvait le
faire supposer l'amélioration soutenue du revenu
public. L'impulsion donnée aux travaux extraordinaires était la cause principale des dépenses.
« Ce serait se laisser entraîner à une pente fatale,
disait M. Lacave-Laplagne, que de leur consacrer
des sommes plus considérables que celles dont le
revenu normal de l'État peut assurer les intérêts
et l'amortissement ». Sage précepte bien oublié
de nos jours.

Les sacrifices faits pour ces entreprises s'ajoutaient à la dette publique existante. En 1846 les
charges allaient s'accroître, soit pour le service de
l'emprunt, soit pour la consolidation de la réserve
de l'amortissement, de plus de 10 millions, compensation faite d'une réduction qu'on pouvait
espérer sur les intérêts de la dette flottante. Il
avait d'autre part été nécessaire d'augmenter les
dotations de certains services, en sorte que l'ex-

cédent prévu des recettes ne dépassait pas
3,519,446 francs. Faisant allusion à la dernière
portion de l'emprunt de 450 millions récemment émise, le ministre déclara qu'il n'avait pas
usé de la faculté qui lui avait été laissée de
procéder par voie de souscription [1]. Il avait
préféré avoir recours à l'adjudication, persévé-
rant ainsi dans un système employé depuis
plus de vingt ans et il avait conservé le 3 0/0.
Examinant ensuite la situation financière, M.
Lacave-Laplagne rappelait que le découvert de
1842, évalué par lui l'année précédente à
109,816,655 fr., avait été ramené par le projet de
règlement à 108,612,172 francs. Celui de 1843
porté à 69 millions se trouvait réduit de 23,752,977
fr., mais la diminution réelle n'en était que de
17,811,553 francs.

Le découvert de 1844 fixé par la loi de finances
à 24,947,836 fr. ne s'était accru que de 6,544,935
fr. malgré les charges que lui avaient fait supporter les primes à l'exportation ainsi que les évène-
ments qui avaient marqué le cours de cette année
et notamment l'expédition du Maroc. Le budget
de 1845 avait été voté avec un excédent de
dépenses de 1,791,831 fr. paraissant déjà pou-

---

1. Voir t. III, p. 431.

voir être abaissé au chiffre de 13,578,072 francs. En résumé, le total des découverts de 1840 à 1845 devait être évalué à 355,757,596 francs.

Les découverts des trois exercices 1840, 1841 et 1842, qui avaient été portés à 372,443,207 fr. lors de la présentation du budget de 1843, n'étaient plus que de 265,311,107 francs. Tout faisait prévoir que, déjà atténués des réserves de l'amortissement réalisées sur les exercices 1842, 1843 et 1844 et s'élevant ensemble à 209,493,488 fr., ils se trouveraient réduits au 1er janvier 1846, de 284,572,717 fr. par suite de l'imputation des réserves de 1845.

La dette flottante, disait le ministre, n'aurait donc plus à supporter pour cet objet que 71,184,879 fr., somme inférieure au montant des réserves de l'amortissement pour l'année 1846. Elle allait être de plus exonérée, par le fait des versements, du montant de l'emprunt applicable aux travaux extraordinaires. L'ensemble des sommes allouées pour leur exécution devait, après le vote du budget de 1846, s'élever à 387,723,111 fr. Il n'avait été obtenu du crédit public pour les emprunts de 1841 et de 1844 que 350 millions; mais les dépenses restaient chaque année inférieures aux crédits et le gouvernement, par le vote de la loi sur les caisses

d'épargne, avait obtenu l'autorisation de consacrer à la réduction de la dette flottante les 100
millions restant sans emploi sur le crédit en rentes
de 450 millions ouvert en 1841. Ainsi la loi des
travaux publics n'imposait à la dette aucune charge
en 1846.

Le projet de budget de cette année présentait
pour le service ordinaire les resultats suivants :

Recettes . . . .   1,306,027,832 fr.
Dépenses . . . .   1,302,508,386 fr.

Excédent de recettes.   3,519,446 fr.

Quant au service extraordinaire, en ce qui concernait la partie imputable sur les ressources
créées par la loi du 25 juin 1841, le budget comprenait en recettes une somme égale à celle qui
figurait en dépense : 36,201,517 fr. En ce qui
avait trait à la portion imputable provisoirement
sur les ressources de la dette flottante, il n'était
rien porté aux recettes, tandis que 83 millions
étaient réclamés pour les dépenses.

M. Bignon, qui fut encore élu rapporteur des
dépenses par la commission, soutint, non sans
raison, qu'un budget ainsi balancé n'était pas
équilibré, car les dépenses complémentaires de
l'Algérie restaient encore en dehors des prévisions
budgétaires. Il y avait lieu de penser en effet que le

gourvernemeut réclamerait pour 1846 le même excédant d'effectif qui avait occasionné pour l'année courante la demande d'un crédit supplémentaire de 14,886,000 francs. M. Bignon reprochait aux ministres le désir immodéré d'étendre les services de leurs départements. Aussi réclamait-il sur l'ensemble du budget une diminution de 7,700,000 fr. compensée toutefois pour plus de 2 millions par diverses augmentations.

Le total du service ordinaire était par suite réduit à 1,296,834.771 fr., les travaux régis par la loi du 25 juin 1841 à 36,161,517 francs. La somme de 83 millions affectée aux travaux à effectuer en vertu de la loi du 11 juin 1842 étant maintenue, le chiffre total des dépenses se trouvait ainsi fixé par la commission à 1,415,996,288 francs.

Dès le début de la discussion générale M. Chapuys de Montlaville, portant le débat sur le terrain politique, réclama pour la généralité des citoyens l'exercice des droits électoraux. « Comment voulez-vous, disait-il, qu'ils acceptent avec une confiance aveugle des lois qui ont été faites par des députés à l'élection desquels ils n'ont pas concouru ? » En réclamant devant le Parlement l'établissement du suffrage universel, ce député ouvrait la campagne qui devait amener trois ans plus tard la chute du gouvernement de Juillet.

IV.   5

La chambre, après avoir affecté une somme
de 374 millions à la « Dette publique » et
14,800,000 fr. aux « Dotations », passa à la discussion de la troisième partie du budget :

Le garde des sceaux demandait 20,918,875 fr.
pour la justice et 37,937,394 fr. pour les cultes.

Au service de la justice la commission réduisit
le crédit demandé pour le chapitre 2, « Matériel
de l'administration centrale » de 120,000 fr. à
107,000 fr. chiffre qu'adopta la chambre et le
crédit alloué au chapitre 11 « Justices de Paix »
fut élevé de 3,108,530 fr. à 5,282,100 fr. par le
vote de la loi du 21 juillet 1845 portant modification des traitements des juges de paix et de leurs
greffiers.

Ici se place un incident qui montre de quelles
armes se servaient contre le gouvernement du roi
Louis-Philippe les députés de l'opposition. Le
maréchal Bugeaud avait été créé duc d'Isly
en souvenir de ce mémorable fait d'armes et
avait été exempté du payement des droits de
chancellerie. M. Lherbette vint questionner le
gouvernement sur le motif de cette dispense et
affecta de s'étonner que des titres fussent ainsi
distribués sous une législation qui avait sup-
primé les peines portées contre leur usurpation.
Le garde des sceaux, M. Martin du Nord lui fit

observer que la loi de 1832 n'avait pu abolir la charte constitutionnelle qui, maintenant l'ancienne et la nouvelle noblesse, avait aussi conservé au roi le privilège d'anoblir.

La Chambre, sans s'attarder dans cette discussion inutile, dota les services de la justice de 23,089,953 fr. et ceux des cultes de 37,903,658 fr. fixant ainsi à 60,993,611 fr. le total des dépenses de ce département.

Le gouvernement demandait pour les affaires étrangères 8,889,391 fr. soit par rapport à l'année précédente une différence en plus de 270,000 fr., portant principalement sur le chapitre 3 « Traitement des agents politiques et consulaires. » Suivant le ministre l'insuffisance des traitements de ces agents ne leur permettait pas de tenir dans certains postes un rang convenable par suite des exigences que les raffinements de la civilisation y avaient apportés. La plupart des grandes puissances avaient déjà remédié à cette situation. La France devait suivre leur exemple. La commission réduisit néanmoins ce chapitre de 134,000 francs.

La politique générale du ministère fut attaquée par M. Billault. Passant en revue toutes les questions diplomatiques survenues au cours de l'année, ce député s'arrêta d'une façon toute particulière sur celle du Texas qui, suivant lui,

devait par son actualité dominer toutes les
autres.

L'indépendance de cet État, démembrement
de la confédération mexicaine, avait été reconnue
quelques années plus tôt par la France et par
l'Angleterre. Ce pays se trouvait situé entre deux
puissances qui se le disputaient, le Mexique et
les États-Unis, ces derniers rivaux redoutables
de l'Angleterre par leurs richesses coloniales et
leur force maritime. Il y avait par suite pour le
Royaume-Uni un intérêt d'ordre supérieur à
empêcher que le Texas ne devînt partie inté-
grante des États de l'Union. S'il n'y en avait
aucun pour la France à empêcher cette annexion
le gouvernement avait néanmoins le devoir de
ne pas compromettre nos bonnes relations
commerciales avec la grande république améri-
caine en prêtant dans le règlement de cette
question, comme il semblait le faire, son appui
à l'Angleterre.

En effet le 1er mars 1845 le bill d'annexion avait
été voté par le congrès américain et aussitôt le
gouvernement mexicain avait protesté en déclarant d'une façon formelle qu'il ne céderait à
aucun prix les droits qu'il prétendait avoir sur le
Texas. Mais peu après, son langage s'était adouci,
car, disait M. Billault, la France et l'Angleterre,

agissant d'accord avaient obtenu du président du
Texas, M. Anson Jones, de ne convoquer qu'à
long terme le congrès texien que l'on savait favorable à l'annexion aux États-Unis. M. Billault
s'attachait par suite à démontrer que tout ce qui
pouvait être pratiqué pour seconder les vues de
l'ambition britannique avait été immédiatement
fait par M. Guizot.

Le ministre des affaires étrangères refusa d'entrer dans les détails de la conduite du cabinet
relativement à cette question. Il se borna à déclarer que, si réellement le Texas voulait s'incor-
porer aux États-Unis, nous n'avions rien à dire
pour nous y opposer ; mais que si au contraire
cet État entendait conserver son indépendance, la
France n'avait aucun motif pour s'y opposer. La
France, ajoutait-il, trouvait même un intérêt à la
durée et au maintien des États indépendants en
Amérique et à l'équilibre des forces qui se balan-
cent dans cette partie du monde. Il s'agissait donc,
non pas de protester contre l'annexion du Texas
aux États-Unis, mais bien d'assurer sur ce point
sa pleine liberté d'action à la population texienne.

La Chambre approuva les déclarations du
ministre et lui accorda pour son département la
somme de 8,755,391 francs.

Le projet de budget pour le ministère de l'inté-

rieur s'élevait à 107,893,914 francs. Il en résultait relativement à 1845 une augmentation de
6,097,017 francs.

La commission retrancha 172,246 fr. des
dépenses imputables sur les fonds généraux. C'est
ainsi qu'au chapitre 3 « Indemnités de réforme
et subventions à la caisse des retraites » elle proposa de réduire de 34,946 fr. les 188,000 fr. que
le gouvernement demandait en sus des crédits
alloués l'année précédente et jugés par lui nécessaires pour subvenir à l'insuffisance de la caisse
des retraites de l'administration centrale, qui,
jusqu'à ce jour, avait pu pourvoir à tous les
besoins par l'aliénation successive d'une rente
5 0/0. Le rapporteur rappela à cette occasion qu'en
venant en aide à cette caisse, l'État faisait envers
les employés un acte de sollicitude paternelle ne
résultant pour lui d'aucune obligation. Le chapitre 3 fut voté au chiffre de 153,054 fr. ainsi
que le proposait le rapporteur.

Le chapitre 27 « Traitements et indemnités
aux fonctionnaires administratifs » figurait au
projet pour une augmentation de 105,000 fr. résultant pour 85,000 fr. du nouveau classement
des sous-préfectures.

Depuis la loi du 28 pluviose an VIII, il existait
en France deux classes de sous-préfets, l'une au

traitement de 4,000 fr. pour les villes d'une population supérieure à 20,000 âmes, l'autre à celui de 3,000 francs. Le ministre de l'intérieur voulait répartir ces fonctionnaires en trois classes[1] aux traitements de 6,000 fr., 4,000 fr. et 3,000 fr. ; 10,000 fr. étaient destinés à élever le traitement du sécrétaire général de la Seine de 8,000 fr. à 12,000 fr. et celui du sécrétaire général de la préfecture de police de 6,000 fr. à 12,000 francs ; enfin 10,000 fr. étaient demandés pour porter de 6,000 fr. à 8,000 fr. les appointements des six conseillers de préfecture de la Seine.

La commission rejeta l'augmentation concernant le sécrétaire général et les conseillers de préfecture de la Seine, mais pour placer dans une situation identique les deux sécrétaires généraux elle accorda à celui de la préfecture de police un supplément de traitement de 2,000 francs.

Sur les instances du ministre de l'intérieur, la Chambre rejeta les réductions proposées par la commission au chapitre 27 qui fut fixé au chiffre de 3,194,400 francs.

Chaque année la situation des dépenses ordinaires des budgets départementaux démontrait

1. Suivant ce classement, les 277 sous-préfectures étaient ainsi réparties : 28 de première classe, 21 de deuxième et 228 de troisième.

l'insuffisance des ressources attribuées pour y faire face. Ces dépenses provenaient principalement de l'extension donnée à l'établissement des routes départementales, que leur achèvement mettait à la charge du fonds d'entretien. La commission, pour rétablir l'équilibre, n'avait voulu ni ramener à la charge du Trésor certaines dépenses pouvant avoir le caractère d'intérêt général, ni recourir à l'impôt. Elle préféra faire emprunt aux centimes centralisés et proposa, avec l'assentiment du gouvernement, d'ajouter 3 dixièmes aux centimes ordinaires ainsi portés à 10 centimes et 7 dixièmes au fonds commun élevé par cette mesure à 6 centimes 4 dixièmes. Toutefois M. Bignon n'espérait pas que ces ressources pourraient suffire à l'avenir et il recommandait au ministre de l'intérieur de résister au classement de nouvelles routes, auxquelles devaient se substituer avec avantage les chemins de grande communication. Le chapitre 38 « Dépenses ordinaires du service départemental » qui avait reçu 30,150,086 fr. l'année précédente fut par suite doté de 32,550,290 fr. et le budget de l'intérieur fut adopté au chiffre de 109,660,108 francs.

Un crédit de 14,101,770 fr., supérieur de 110,925 fr. au crédit alloué pour 1845, était demandé par le ministre de l'agriculture et du commerce pour les besoins de son département auquel la Chambre accorda 14,087,120 francs.

Le budget de la guerre était établi sur une force moyenne de 340,000 hommes et 81,689 chevaux, soit une différence en plus de 273 chevaux, conséquence du passage du pied de paix au pied de guerre de deux régiments de cavalerie envoyés en Algérie. Le projet ministériel faisait du reste remarquer que si les prévisions reproduisaient pour l'Afrique le même nombre d'hommes que l'année précédente, ce ne pouvait être que sous la réserve de demandes ultérieures concernant les suppléments de forces dont les circonstances feraient reconnaître le besoin.

Le maréchal Soult demandait 227,147,756 fr. pour les divisions territoriales de l'intérieur et 74,465,527 fr. pour l'Algérie. Ces crédits imputables sur la 1ʳᵉ section « Ressources ordinaires de budget » formaient un total de 301,613,283 francs. En y joignant les 28,120,000 fr. réclamés pour la 2° section « Travaux extraordinaires » le projet ministériel portait l'ensemble des crédits de la guerre à 329,733,283 francs. Ce chiffre constituait, par rapport à l'année précédente, une augmentation de 8,807,659 fr. pour la 1ʳᵉ section et une diminution de 6,170,250 fr. pour la seconde, c'est-à-dire une augmentation totale de

2,637,409 fr. sur laquelle 1,129,812 fr. avaient
trait aux divisions territoriales de l'intérieur et
étaient particulièrement nécessités par l'accroissement du nombre des généraux de la 2ᵉ section
(réserve) du cadre de l'état-major général, par
l'élévation de 10 à 15 pour 100 du blutage des
farines, par l'augmentation du prix d'achat des
chevaux, enfin par le report au budget de l'État
de la majeure partie des dépenses imputées sur
les ressources coloniales de l'Algérie [1].

Quant aux travaux extraordinaires auxquels
diverses lois [2] avaient affecté soit pour les fortifications de Paris, soit pour diverses autres entreprises concernant le département de la guerre,
une somme totale de 278,932,400 fr. il leur avait
été ouvert de 1840 à 1845 des crédits montant à
188,950,250 francs. Le ministre demandait de
leur attribuer 28,120,000 fr. en 1846. Il restait
ainsi à répartir sur les années suivantes 61,862,150
francs. La diminution de 6,170,250 fr. obtenue
sur le service extraordinaire provenait de ce que
l'annuité pour les fortifications de Paris, complément du crédit de 140 millions, se trouvait réduite

---

1. En exécution de la loi du 4 août 1844.
2. Lois du 3 avril et du 25 juin 1841. — Loi du 3 août 1844.

à 12 millions, allocation inférieure de 8 millions à celle de 1845.

La réduction de 4,724,417 fr. réclamée par le rapporteur à la 1re section du budget de la guerre ne s'appliquait à l'Algérie que pour 1,716,080 fr. et ne portait guère que sur les services et les travaux civils de la colonie. La commission avait compris que la France après avoir tant sacrifié à cette conquête, était arrivée trop près du but pour reculer. D'autre part, elle avait proposé au chapitre 21 « Matériel de l'artillerie » un retranchement de 43,208 fr. que la Chambre rejeta à la demande de M. Proa, député de la Vienne.

La commission du budget préoccupée de l'accumulation des armes portatives dans les arsenaux voulait arriver à en réduire la fabrication et pensait que les entrepreneurs de ces établissements trouveraient dans la transformation des armes à silex une compensation suffisante du travail qui leur serait ainsi enlevé.

Sous l'Empire, la France possédait neuf manufactures[1] fabricant ensemble par an 260,000 armes à feu, dont en 1814, il ne restait aucune en magasin. Depuis lors le nombre de ces fabri-

---

1. Klingenthal pour l'arme blanche ; Saint-Étienne, Maubeuge, Charleville, Mutzig, Versailles, Tulle, Liège et Turin pour l'arme à feu.

ques avait été réduit à quatre[1], en état de produire 150,000 fusils. Néanmoins depuis quelques
années les commandes avaient été abaissées à
50,000 fusils et par suite la population ouvrière
avait diminué d'un cinquième. Cette population
était divisée en trois catégories : les ouvriers
engagés, les ouvriers militaires, les ouvriers
libres. Ceux qui appartenaient aux deux dernières
catégories avaient été les uns renvoyés dans leurs
corps les autres congédiés.

S'élevant contre ce procédé, M. Proa rappela
que, en 1831, après seize années de paix la
France avait dû tirer des armes d'Angleterre
et s'adresser à l'industrie privée. De 1832 à
1835 plus de 35 millions avaient été dépensés,
dont 25 millions en pure perte, car 600,000 de
ces fusils ne pouvaient déjà plus servir aux troupes en campagne. Momentanément réduites après
1835 les dépenses d'armement ne dépassaient
guère 2 millions lorsque, en 1841, l'éventualité
d'une guerre fit élever ce crédit annuel à 7 millions. Le gouvernement s'adressant aux manufactures seules put faire alors fabriquer 150,000 fusils. M. Proa fit comprendre à ses collègues qu'il

---

1. Châtellerault pour l'arme blanche et l'arme à feu ; Saint-
Étienne, Mutzig et Tulle pour l'arme à feu seulement.

était sage de conserver cette pépinière déjà si réduite de nos armuriers et de ne pas désorganiser un personnel dont l'apprentissage est long et dont la création remonte à plus de trois siècles [1].

La Chambre fixa à 297,476,929 fr. les dépenses de la 1re section du budget de la guerre après avoir porté, sur la demande de M. Cerfberr et du général Subervie, de 450,000 fr. à 600,000 fr. le fonds de secours aux anciens militaires et, adoptant les propositions du gouvernement relativement à la 2e section, elle dota ce département d'une somme totale de 325,596,929 francs.

Compensation faite de diverses diminutions le projet de budget augmentait de 925,500 fr. les dépenses ordinaires du département des travaux publics qu'il évaluait pour 1846 à 59,703,900 francs. La commission avait encore accru ce chiffre de 867,150 francs. La Chambre dota la 1re section d'un crédit de 59,727,050 francs.

La discussion porta principalement sur la 2e section divisée en deux parties dont la première comprenant les travaux régis par la loi du 25 juin 1841, figurait au projet pour 4,841,517 fr., somme qui, à l'exception de 1 million concernant les

1. La manufacture de Saint-Étienne fut fondée en 1535.

routes de la Corse, se trouvait composée des dernières allocations partielles à prélever sur les allocations générales votées en 1841. Elle ne devait pas suffire à solder les dépenses de plusieurs entreprises en faveur desquelles le ministre déclarait avoir l'intention de réclamer des crédits supplémentaires; mais comme le crédit relatif aux travaux régis par la loi du 11 juin 1842 n'atteignait qu'à 81,500,000 fr., chiffre inférieur de 7,900,000 fr. à celui de 1845, il en résultait pour la 2ᵉ section une différence en moins de 25,369,827 francs.

Tout en adhérant aux propositions du gouvernement, la commission demandait s'il était bien prudent de poursuivre ainsi l'exécution de travaux considérables au moment même où les concessions de chemins de fer allaient surélever le prix de la main-d'œuvre et des matériaux, fait qui réagirait d'une manière dommageable sur les travaux entrepris par les particuliers.

Loin de tenir compte de ce sage avertissement, la Chambre porta à 101,541,517 fr. les crédits de la 2ᵉ section. C'est ainsi qu'à la demande de M. de Bussières elle accrut de 500,000 fr. le chapitre 6 pour améliorer le lit de la Seine entre Paris et Rouen. Le baron de la Plesse obtint 300,000 fr. pour les quais de la ville de Rennes; le comte d'Angeville

2,400,000 fr. pour le port de Saint-Malo et pour le canal maritime de Caen. Le chapitre 11 « Établissement de nouveaux canaux » reçut 12,152,361 fr. alors que le ministre ne l'avait compris dans ses propositions que pour 152,361 francs.

Le budget des travaux publics doté de 59,727,050 fr. pour le service ordinaire, de 101,541,517 fr. pour le service extraordinaire se trouva ainsi élevé à la somme de 161,268,567 fr. représentant, par rapport à l'année précédente, une différence de plus de 46 millions.

Le ministre de la marine réclamait pour son département 115,569,441 fr., savoir 110,829,441 fr. pour le service ordinaire et 4,740,000 fr. pour les travaux extraordinaires. Bien qu'inférieures à la moyenne des cinq dernières années, les dépenses de la 1re section présentaient par rapport à 1845 une augmentation de 4,054,614 fr. occasionnée par la création d'un sous-secrétaire d'État au traitement de 30,000 fr., par l'extension des armements, par l'accroissement des travaux et des approvisionnements de la flotte résultant du nombre considérable de bâtiments à vapeur devant être armés dans le courant de l'année.

Néanmoins, tout en félicitant le ministre de la récente réorganisation du contrôle, mais réclamant pour cette institution son rétablissement sur le pied où elle était en 1828, M. Rihouet voulut établir entre l'administration de M. de Chabrol et l'administration présente une comparaison défavorable à cette dernière à laquelle il reprochait de laisser décroître d'année en année notre flotte à voiles. L'amiral de Mackau, sans contester les efforts accomplis par le gouvernement de la Restauration pour la construction des bâtiments de haut rang, fit valoir pour sa propre justification que le nombre des vaisseaux alors entretenus à la mer était infiniment moins considérable et que les allocations destinées aux constructions ne pouvaient plus comme à cette époque suffire aux besoins.

Les réductions qu'opéra la commission s'élevaient ensemble à 1,176,420 francs. L'une d'elles donna lieu à un long débat. Une ordonnance du 1er mars 1831, en établissant au-dessous du grade de capitaine de frégate celui de capitaine de corvette, avait assimilé les titulaires de ce nouveau grade aux chefs de bataillon. Les capitaines de frégate avaient été supprimés en 1836. Aussi, en déterminant l'uniforme du corps de la marine, l'ordonnance du 20 juillet 1837 avait-elle attribué aux capitaines de corvette des épaulettes semblables à celles des lieutenants-

colonels. Cependant il était arrivé que par le fait
de l'ancienneté certains chefs de bataillon avaient
réclamé le pas sur des capitaines de corvette, bien
que ces derniers portassent les insignes d'un
grade supérieur. Il pouvait en résulter de graves
inconvénients et, particulièrement en cas de
guerre, l'incertitude dans le commandement.

Le ministre de la marine avait cru trouver un
remède à cet état de choses en demandant un
crédit de 50,000 fr. destiné à élever la solde des
capitaines de corvette qu'une ordonnance du roi
aurait assimilés ensuite aux lieutenants-colonels.
Cette solde fixée primitivement à 3,000 fr. ne constituait par rapport à celle des lieutenants de vaisseaux de 1re classe qu'une différence de 500 fr.,
mais elle était inférieure de 1,500 fr. à celle des
capitaines de vaisseaux de 2° classe. Placer les
capitaines de corvette, au point de vue de la solde,
à distance égale des officiers pourvus de ces deux
grades avait paru équitable à l'amiral de Mackau.
Néanmoins la commission n'avait pas admis qu'une
ordonnance relative à l'uniforme pût détruire
l'effet de l'ordonnance organique du 1er mars 1831.
D'autre part ce n'était pas par une simple mesure
financière qu'il convenait de modifier la position
et les attributions des officiers. Cet avis fut par-
tagé par la Chambre qui, après avoir fixé à

IV.   6

109,660,645 fr. les dépenses du service ordinaire, arrêta celles du service extraordinaire à 4,700,000 francs.

Les 17,218,233 fr. de crédits demandés pour l'instruction publique dépassaient de 490,700 fr. ceux qui avaient été alloués l'année précédente. Cependant les charges de l'État n'étaient accrues que de 350,600 fr., car les centimes votés par les conseils généraux pour les dépenses de l'instruction primaire supportaient cette augmentation jusqu'à concurrence de 140,100 francs. Le budget de ce département fut voté au chiffre de 17,173,008 francs. Il fut ensuite accordé 17,403,074 fr. aux services généraux du ministère des finances pour lesquels 17,387,133 fr. avaient été réclamés.

La Chambre, ayant alloué à la quatrième partie du budget « Frais de régie, etc. » 149,733,226 fr. et 66,678,740 fr. à la cinquième partie « Remboursements, etc. », passa à l'examen du budget des recettes qui étaient évaluées à 1,306,027,832 fr. pour le service ordinaire. Quant au service extraordinaire, il ne figurait que pour 36,201,517 fr. imputables en entier sur le produit de l'emprunt en rentes.

Le rapporteur M. Vuitry proposa d'arrêter les recettes ordinaires au chiffre de 1,302,622,134 fr., somme qui constituait, par rapport aux dépenses

ordinaires telles qu'elles avaient été fixées par la
commission du budget, un excédent de recettes
de plus de 6 millions. Toutefois ce député prévoyait que l'exercice 1846 n'en ajouterait pas
moins un découvert nouveau aux découverts accumulés des exercices précédents dont, suivant lui,
les événements politiques de 1840 et le développement donné aux grands travaux n'étaient pas
seuls responsables. Une cause plus grave encore,
parce qu'elle était incessante, venait se joindre
aux deux autres : cet entraînement de tous les
jours à accroître les dépenses ordinaires.

Les recettes furent ainsi fixées par la Chambre :

Service ordinaire.. . . .	1,303,684,134
Service extraordinaire. . .	51,361,517
Total. . . .	1,355,045,651

Les deux lois ayant été votées par les pairs sur
les rapports favorables du marquis d'Audiffret pour
les dépenses et du comte de La Villegontier pour
les recettes, le budget de 1846 se trouva réglé de
la façon suivante :

Dépenses :

Justice et cultes.. . . .	60,993,611
Affaires étrangères. . .	8,755,391
A reporter. .	69,749,002

Report. . .	69,749,002
Instruction publique. . . .	17,173,008
Intérieur.	109,660,108
Agriculture et commerce. .	14,087,120
Travaux publics.	59,727,050
Guerre.	297,476,929
Marine.	109,660,645
Finances.	622,544,027
Total. . . .	1,300,077,889
Travaux régis par la loi du 25 juin 1841.	51,361,517
Travaux régis par la loi du 11 juin 1842.	83,000,000
Total général des dépenses. .	1,434,439,406
Total général des recettes. .	1,355,045,651
Excédant des dépenses. . .	79,393,755

La session fut close le 21 juillet et rien ne semblait devoir troubler la tranquillité publique, lorsque dans le courant de l'été une insurrection fomentée par Abd-el-Kader éclata en Afrique. Le maréchal Bugeaud depuis longtemps en désaccord avec le ministre de la guerre, songeait alors à se démettre des fonctions de gouverneur général, mais à la nouvelle de ce soulèvement le vaillant soldat ne pensa plus qu'à aller se mettre à la tête des troupes dont il avait le commandement. Il entra en action dans le courant d'octobre et prolongea jusqu'à l'été de l'année suivante la brillante campagne par laquelle il allait porter un coup décisif à la fortune de l'émir.

———

CHAPITRE XVIII.

SESSION DE 1846

Le maréchal Soult, président du conseil, se démet du portefeuille de la guerre. — Achèvement de divers canaux. — Navigation intérieure. — Chemins de fer. — Établissement du télégraphe électrique de Paris à Lille. — Suppression de la taxe postale du décime rural et réduction du droit sur les envois de fonds ou d'articles précieux. — Emprunt grec. — Crédits extraordinaires de la marine. — Crédits supplémentaires et extraordinaires de 1845 et de 1846. — Comptes de 1843. — Crédits extraordinaires pour l'Algérie et pour diverses dépenses non prévues au budget de la guerre. — Amélioration de divers ports et établissements maritimes. — Rachat du havre de Courseulles. — Crédits divers alloués. — Budget de 1847. — Dépenses. — Recettes. — Dissolution de la Chambre des députés.

La signature du traité du 29 mai 1845 relatif à la répression de la traite des nègres avait fortifié entre la France et l'Angleterre cette entente cordiale que l'amitié personnelle de M. Guizot et de lord Aberdeen avait contribué pour une large part à maintenir et que la reine Victoria avait de nouveau confirmée en faisant à Eu, dans le courant de septembre, une seconde visite au roi Louis-Philippe. Ces événements affermissaient plus encore la situation du cabinet présidé par le maréchal Soult. Néanmoins l'état de santé du duc de Dalmatie venait de le contraindre, tout en conservant la présidence du conseil, à se décharger du portefeuille de la guerre qui fut confié au général Moline de Saint-Yon.

Dans les derniers jours de 1845, la Chambre reprit le cours de ses travaux par la discussion d'une loi concernant l'achèvement de divers canaux, dont le projet avait été présenté par le gouvernement au mois d'avril précédent.

La construction du canal de la Marne au Rhin et du canal latéral à la Garonne avait été décidée en 1838 ; mais dès 1844 le vote récent des chemins de fer de Paris à Strasbourg et de Bordeaux à Toulouse avait inspiré au Parlement des doutes sur la nécessité d'achever ces deux grandes voies de navigation intérieure et, en allouant au premier déjà doté de 45 millions par la loi du 3 juillet 1838 un crédit supplémentaire de 7 millions, elle avait stipulé qu'il serait exclusivement affecté à la partie comprise entre Vitry et Nancy.

Le ministre des travaux publics crut cependant devoir réclamer une nouvelle allocation de 30 millions exigée par l'accroissement progressif

de la valeur vénale des propriétés et par la hausse
rapide du prix de la main-d'œuvre, hausse pro-
duite par l'extension donnée en France aux travaux de toute nature. Il envisageait également les
inconvénients que causerait la suppression du
canal au delà de Nancy, c'est-à-dire la suppression de sa jonction avec les houillères de Sarre-
bruck, les forêts de la partie orientale de la Meuse
et de la Moselle, les salines de l'Est, enfin avec
le canal Louis, en Bavière, relié par le Danube à
la mer Noire.

L'abandon de la partie du canal latéral à la
Garonne comprise entre Agen et Castets paraissait au ministre non moins regrettable. Le faible
volume des eaux du fleuve entre ces deux points
ne permettant pas d'obtenir le tirant d'eau
nécessaire, c'était renoncer à relier l'Océan à la
Méditerranée et rendre inutile la construction
déjà exécutée du pont canal d'Agen.

Par le même projet de loi M. Dumon demandait en outre 6 millions pour les travaux du
bassin à flot de Saint-Malo ; 5 millions pour ceux
du canal de Caen à la mer ; 700,000 francs pour
le redressement du cours de la Vilaine et la
construction de quais dans l'intérieur la ville
de Rennes, soit un ensemble de 63,200,000
francs.

Frappée des motifs qui commandaient de ne pas laisser inachevées d'aussi grandes entreprises, la commission par l'organe de son rapporteur, le marquis de Dalmatie, donna son adhésion à l'achèvement du canal de la Marne au Rhin et du canal latéral à la Garonne. Cependant elle opéra sur les demandes concernant le bassin à flot de Saint-Malo et le redressement du cours de la Vilaine des réductions qui ramenaient le total au chiffre de 62,565,000 francs.

Mais postérieurement au dépôt du projet plusieurs des entreprises qui en faisaient l'objet avaient été dotées l'année précédente par le budget de 1846 et figuraient aussi au projet de budget de 1847. Par suite la Chambre des députés et après elle la Chambre des pairs, tout en adoptant les propositions qui leur étaient soumises, n'eurent à voter qu'une allocation totale de 48,200,000 [1] francs, dépense à laquelle il fut pourvu jusqu'à concurrence d'une somme de 4,267,639 francs au moyen

---

1. Canal de la Marne au Rhin.. . . . . 24,000,000 fr.
  Canal latéral à la Garonne. 15,500,000
  Bassin à flot de Saint-Malo. 4,500,000
  Canal de Caen à la mer. 3,800,000
  Redressement du cours de la Vilaine, etc.. 400,000

  48,200,000 fr.

des ressources créées par la loi du 25 juin 1841 et provisoirement pour le surplus au moyen des ressources de la dette flottante.

Le ministre des travaux publics estimait que les avantages procurés par les chemins de fer ne devaient pas faire négliger aux pouvoirs publics les voies navigables qui auraient toujours l'avantage de transporter à des conditions plus écono- miques les marchandises encombrantes. Il pensait ainsi qu'il fallait compléter le système de navigation intérieure par l'amélioration des rivières dans lesquelles débouchaient les canaux et auxquelles les lois de 1835, de 1837 et de 1840 avaient déjà affecté des ressources considérables dont l'emploi touchait à son terme. Pour en obtenir de nouvelles, M. Dumon avait également déposé en 1845 un projet de loi sur le bureau de la Chambre des députés.

Dans les propositions ministérielles figurait au premier rang la Seine dont le cours est divisé en trois sections. La haute Seine est considérée comme navigable à partir de Troyes, mais la navigation y emprunte jusqu'à Nogent un canal latéral au fleuve, et, entre cette localité et Paris, elle ne prend un véritable développement qu'à partir de Montereau où elle reçoit les marchandises apportées par l'Yonne et par les canaux de Bourgogne et du Nivernais. La basse Seine qui comprend la traversée de Paris s'étend jusqu'à Rouen, où commence, pour se continuer jusqu'à la mer, la Seine maritime.

L'administration demandait d'appliquer à l'amélioration de la haute Seine une somme de 2 millions. Sur la partie basse de la Seine, la navigation se trouvait entravée dans la traversée de Paris par la pente considérable que présentait le cours de la rivière, par l'insuffisance du mouillage et la mauvaise disposition des arches de plusieurs ponts. Les crédits réclamés pour l'exécution des travaux s'élevaient à 5 millions et la ville de Paris devait en outre contribuer à la dépense pour 1,535,000 francs. De plus 10,500,000 francs étaient nécessaires pour l'établissement de barrages et l'achèvement du chemin de halage. Quant au crédit de 3,500,000 francs proposé pour la partie maritime, il portait principalement sur la régularisation des rives et le rétrécissement du lit du fleuve entre Villequier et Quillebœuf et élevait le total des demandes concernant la Seine à 24 millions.

La commission avait été frappée de ce fait que la profondeur de 1^m,60 réclamée dans la traversée de la capitale ne deviendrait nécessaire qu'alors qu'elle serait obtenue en amont et en

aval. L'état des choses était d'ailleurs supportable
grâce à l'existence des canaux de Paris, concédés en 1818 et en 1821 par la ville à une compagnie. L'amélioration du lit de la Seine dans
Paris allait ainsi, avec les deniers de l'État, créer
concurrence à une entreprise ayant coûté 58 millions et ayant l'avantage de raccourcir de 21 kilomètres le trajet de Bercy à Saint-Denis. La commission avait donc considéré comme inutile cette
dépense de 5 millions dont son rapporteur, le
comte d'Angeville, proposa le rejet et elle avait
réduit à 1,500,000 fr. les crédits destinés à l'amélioration de la Seine maritime.

Néanmoins la Chambre, après avoir voté 7 millions pour la haute Seine, qui depuis l'année précédente avait été de la part du gouvernement l'objet
de nouvelles propositions, accorda pour la basse
Seine, à laquelle 500,000 fr. avaient été alloués
depuis le dépôt du projet par la loi de finances
de 1845, 5 millions affectés à la traversée de
Paris et 10,300,000 fr. à la partie comprise entre
Paris et Rouen. Quant à la Seine maritime le
crédit de 3,500,000 fr. réduit par la commission
à 1,500,000 fr. fut, sur la proposition de M. Gar-
nier-Pagès, porté à 4,500,000 fr. pour le rétrécissement du fleuve au dangereux passage du
« banc de la Traverse ». Ces diverses sommes

constituaient une allocation totale de 16,800,000 francs.

L'amélioration du lit de la Seine rendait nécessaire un travail identique pour la rivière de l'Yonne dont elle recevait les produits. Cette rivière fut dotée d'un crédit de 650,000 francs. La Mayenne reçut 7 millions, la Sarthe 3 millions, la Vire 2,600,000 fr., la Garonne à Toulouse 1,300,000 fr., enfin 26 millions furent destinés à la distribution des eaux de la Neste.

Amener les eaux de deux torrents pyrénéens sur le plateau de Lannemezan où prennent naissance plusieurs rivières qui se déversent soit vers la Garonne, soit vers l'Adour, entretenir ainsi leur lit trop fréquemment desséché, rendre de cette façon navigables le Gers et la Baïse, établir en même temps dans la vallée de la Garonne un canal entre Saint-Martory et Toulouse, tel devait être le résultat de la distribution des eaux de la Neste d'Aure et de la Neste de Louron.

Enfin à la demande de la commission le Rhône et l'Adour qui ne figuraient pas parmi les propositions ministérielles reçurent, le premier de ces fleuves 600,000 fr., le second 1,200,000 francs.

Depuis plusieurs années l'administration avait formé le vaste projet de joindre par un canal la

Saône avec la Marne, la Meuse et la Moselle. Mais, dans cet ensemble, l'ouverture de la section comprise entre Vitry et Donjeux, dont les travaux étaient évalués à 14 millions, semblait particulièrement utile pour amener la houille nécessaire aux établissements métallurgiques de la Haute-Marne. La commission n'avait pas trouvé suffisante la satisfaction donnée à cette importante industrie et elle avait ainsi été amenée à demander la prolongation du canal jusqu'à Chaumont, soit une augmentation de dépenses de 7 millions. Comme les études complètes étaient loin d'être terminées et que d'autre part il y avait lieu d'examiner si la création d'un chemin de fer projeté dans cette région ne rendrait pas un jour inutile l'établissement du canal, le gouvernement jugea préférable de retirer la proposition dont cette dernière voie était l'objet.

La Chambre des pairs adopta le projet de loi sur la navigation intérieure qui entraînait un ensemble de dépenses s'élevant à 75 millions, auxquelles il devait être provisoirement pourvu au moyen des ressources de la dette flottante.

Tout en perfectionnant comme nous venons de le voir le système de la navigation intérieure du royaume, M. Dumon n'en poursuivait pas moins avec une infatigable activité le développement du réseau de nos voies ferrées. Le chemin de l'Océan à la Méditerranée avait été classé par la loi de 1842, mais si en 1845 la section de Marseille à Avignon avec embranchement sur Beaucaire était en cours d'exécution et si celle qui est comprise entre Beaucaire et Cette par Montpellier et Nîmes était déjà livrée à l'exploitation, la plus grande partie de son parcours, la section qui s'étendait de Cette jusqu'à Bordeaux, n'avait encore été devant les Chambres l'objet d'aucune proposition. Afin de combler cette lacune, le ministre des travaux publics avait déposé dans le courant de la précédente session un projet de loi tendant à autoriser la concession par voie de publicité et de concurrence, pour une durée de soixante-quinze ans d'une ligne reliant ces deux villes. Il devait être alloué à la compagnie une subvention de 15 millions représentant la valeur des terrains et des bâtiments occupés. Le parcours total était de 481 kilomètres et la dépense d'établissement évaluée à 154 millions. En outre le ministre proposait de concéder pour quatre-vingt-dix-neuf années un embranchement qui relierait la ville de Castres à la ligne principale.

Dans le commencement de la session de 1846, le ministre des travaux publics avait appelé l'attention de la commission chargée de l'examen du projet, sur les inconvénients qui accompagnaient selon lui le système de l'adjudication publique appliquée aux compagnies de chemins de fer. A ce mode de procéder, qui avait pour effet d'immobiliser momentanément une masse considérable de capitaux, M. Dumon jugeait préférable la concession directe, toutes les fois que le gouvernement se trouverait en présence d'une compagnie dont la puissance financière serait incontestablement établie. Affermi dans cette opinion par l'assentiment de la commission, il avait traité directement avec une société qui s'était chargée, moyennant une subvention portée de 15 millions à 18 millions, d'établir en six années la ligne de Bordeaux à Cette et son embranchement sur Castres. De plus il était stipulé que dans le cas où la compagnie de Montpellier à Cette n'aurait pas établi dans le délai de trois années la circulation sur son parcours, le ministre des travaux publics pourrait concéder sans subvention à la compagnie de Bordeaux à Cette un embranchement de Mèze à Montpellier.

Au cours de la discussion M. Gaulthier de Rumilly attaqua vivement le système de la concession directe. Ce député tout en admettant qu'il était nécessaire d'aliéner les chemins de fer par des engagements à long terme, estimait qu'il fallait du moins restreindre le monopole dans les limites de la concurrence. Un amendement déposé dans ce sens par M. Crémieux fut combattu par le rapporteur M. Duprat et rejeté par la Chambre, qui, sur la demande de M. Mortimer Ternaux, réduisit ensuite la subvention de 18 millions à 15 millions, chiffre primitivement proposé. Cette augmentation de 3 millions avait eu pour but d'indemniser les concessionnaires de la charge qui résultait pour eux de l'établissement d'un embranchement sur Castres, embranchement auquel M. Ternaux n'attribuait qu'une importance relative.

Le ministre des travaux publics ayant fait observer que la ville de Castres autrefois reliée à Montauban par une rivière canalisée, l'Agout, ne réclamait pas seulement la restauration de cette canalisation, mais demandait aussi à être reliée au canal du Midi et que l'exécution de l'embranchement rendrait désormais ces travaux inutiles, obtint de la Chambre l'autorisation de le concéder pour une durée de quatre-vingt-dix-neuf années mais sans aucune subvention.

Tout en donnant son adhésion au projet de loi, le marquis d'Audiffret, rapporteur devant la Chambre des pairs, ne put s'empêcher de signaler

IV.   7

avec regret la hardiesse qu'avait le gouvernement d'exécuter pour plus de 2 milliards de travaux publics avec un budget en déficit que depuis sept ans on ne parvenait pas à balancer.

Un autre projet de loi, également déposé dans la précédente session par le ministre des travaux publics, avait pour objet de poursuivre l'établissement des chemins de fer desservant la région de l'ouest, qui devaient comprendre une ligne de Tours à Nantes dont l'exécution avait été récemment votée, une ligne de Paris à Rennes et à Brest dont le parcours était encore indécis, enfin une ligne de Paris à Cherbourg pour laquelle il n'y avait pas lieu de réclamer le bénéfice de la loi de 1842, car des compagnies se formaient déjà pour l'exécuter.

Quant au chemin de Rennes, dont les travaux étaient fort avancés jusqu'à Chartres, il avait été précédemment placé au point de vue de son établissement, pour le parcours compris entre Versailles et Rennes, sous le régime de la loi de 1842. Une compagnie nouvelle devant se former de la fusion des deux compagnies de Paris à Versailles venait de se présenter pour en assurer l'exploitation pendant cinquante ans. Cette offre était d'autant plus digne d'être prise en considération qu'elle procurait le moyen de mettre un terme à la triste

situation de ces deux sociétés[1]. Toutefois les
lignes de Versailles, en devenant la tête du chemin de fer de Bretagne, ne pouvaient rester
entièrement sous l'empire de leurs cahiers des
charges et, pour les faire rentrer plus tard dans
les mains de l'État au jour même où expirerait
la concession de la ligne de Rennes, il y avait
lieu de ramener à cinquante années la durée
restant à courir pour les concessions dont les
lignes de Versailles étaient l'objet.

Mais à cette réduction de jouissance il fallait
une compensation. Or l'État avait prêté à la compagnie de la Rive Gauche 5 millions qui devaient
porter, au taux de 4 0/0, un intérêt qu'elle n'avait
pu payer. Cette dette devait retomber sur la
société nouvelle. Le gouvernement proposait donc
de réduire la créance de l'État à 2,800,000 fr.
et d'exiger en même temps divers abaissements de
tarifs ainsi que certains avantages pour ses
transports, la pose des fils télégraphiques et
la faculté de rachat. En outre, la compagnie
devait être tenue de payer les intérêts à 3 0/0
du capital de 5 millions jusqu'au jour de la convention. A ces intérêts s'ajouteraient la somme
restant due et les intérêts à 3 0/0 de cette

1. Voir t. III, p. 408.

somme jusqu'à l'époque fixée pour la mise en
exploitation de la ligne de Versailles à Rennes.
Le capital ainsi déterminé serait remboursé
par annuités dans un nombre d'années égal à
celui de la concession. Aux termes du projet
un crédit de 2 millions était ouvert sur l'exercice 1846 pour les travaux à la charge de
l'État entre Versailles et Chartres, en sus de
celui qui avait été alloué par la loi du 6 juillet
1844.

La commission de la Chambre des députés
n'avait pas admis cette convention. Elle n'avait
pas hésité, disait son rapporteur, M. Lacrosse, à
écarter la pensée d'une remise quelconque sur
le capital de 5 millions et sur les intérêts qui
s'élevaient à 866,000 francs. Toutefois, elle con-
sentait à réduire à 3 0/0 le taux de l'intérêt
pour le capital formé de ces deux éléments.
D'autre part la commission donnait au projet
une extension considérable en prenant l'initiative
d'une proposition de classement comprenant,
outre la concession d'un chemin de fer de Versailles à Rennes, celle d'un embranchement de
Chartres vers Le Mans ou vers Alençon suivant
que la ligne principale laisserait de côté l'une
ou l'autre de ces deux villes et l'établissement
d'un chemin de fer de Paris à Cherbourg par Caen

avec embranchement de Caen à Rouen et de Caen à la Loire.

Ce projet n'avait pu trouver place à l'ordre du jour de la Chambre des députés avant la clôture de la session de 1845 et depuis lors la commission s'était confirmée dans la pensée générale « qu'il ne convient pas de procéder en matière de chemins de fer autrement que par groupe de circulation, c'est-à-dire par réseau ». Au cours de la discussion, le système de l'adjudication par voie de publicité et de concurrence fut encore mais vainement réclamé par M. Luneau. En effet, la Chambre autorisa le ministre des travaux publics à concéder directement à une compagnie le chemin de fer de Caen à Paris avec embranchement sur Rouen.

La même loi donnait pouvoir au ministre de concéder à une autre société le chemin de Versailles à Rennes par Chartres, Le Mans, Sillé-le-Guillaume et Laval avec embranchement du Mans sur Caen et de Chartres sur Alençon. Toutefois cette concession ne pouvait être accordée qu'après la dissolution et la liquidation des deux compagnies de Paris à Versailles et pour le cas où ces formalités n'auraient pas été accomplies dans le délai de six mois, il fut stipulé que l'administration procèderait alors par voie de publicité et de concurrence à l'adjudication de la ligne de Rennes.

Les travaux de raccordement des lignes de Paris à Versailles avec celle de Versailles à Chartres devaient être exécutés conformément aux lois du 11 juin 1842 et du 19 juillet 1845. Un crédit de 2 millions était alloué à cet effet sur l'exercice 1846 et une somme de 50 millions affectée à l'établissement du chemin de Chartres à Rennes. Sur cette seconde allocation il était ouvert un crédit de 3 millions sur l'exercice 1846 et de 6 millions sur l'exercice 1847.

Dans la séance du 2 juin 1845, le ministre des travaux publics avait déposé un projet de loi tendant à obtenir l'autorisation de mettre en adjudication pour quatre-vingt-dix-neuf ans au plus une ligne de Dijon à Mulhouse avec un embranchement sur Gray, réclamé par le département de la Haute-Saône. Classée au nombre des voies ferrées auxquelles devait s'appliquer le système de la loi de 1842, cette ligne ne semblait devoir que très péniblement produire un revenu de 5 0/0. Les frais des travaux, y compris l'intérêt à 4 0/0 des fonds avancés, ne pouvaient être évalués à moins de 72 millions, faisant ainsi ressortir le prix du kilomètre à 316,000 francs. Il n'était possible de prévoir qu'un produit kilométrique moyen de 28,000 fr. et, en déduisant pour tous frais 45 0/0, il restait un bénéfice net de 15,800 fr. ne représentant pas tout à fait 5 0/0 de la dépense. Néanmoins plusieurs compagnies s'étaient déjà organisées dans le but d'entreprendre cette voie à leurs risques et périls.

M. Dumon rappelait que, lorsqu'en 1842 le projet relatif aux grandes lignes avait été discuté, toutes les opinions avaient été unanimes pour comprendre dans le tableau de classement un chemin de fer reliant Dijon à Mulhouse.

Relativement au tracé de cette ligne, il y avait entre le gouvernement et la commission dissentiment sur la partie comprise entre Besançon et Belfort. Le ministre des travaux publics voulait qu'à partir de Besançon le chemin de fer remontât la vallée du Doubs pour toucher Belfort en passant par Montbéliard. La commission trouvait préférable de lui faire gagner Belfort par la vallée de l'Oignon et Villersexel. Malgré les vives instances de M. Clément à la Chambre des députés et du général Bertrand à la Chambre des pairs, le tracé de la commission fut adopté. La loi votée par le Parlement autorisa le ministre à procéder par voie du publicité et de concurrence à la concession pour quatre-vingt-dix-neuf ans du chemin de fer de Dijon à Mulhouse avec embranchement d'Auxonne sur Gray et à concéder pour le même délai soit directement soit par adjudication publique un embranchement de Dôle à Salins, proposé par la commission de la Chambre des députés.

Préoccupée des souffrances de l'industrie métallurgique de la Haute-Marne, département très riche en minerai mais où la houille ne pouvait arriver qu'au prix excessif de 60 fr. par tonne, la commission à laquelle avait été renvoyé le projet du chemin de Dijon à Mulhouse avec embranchement sur Gray avait été amenée à proposer la continuation jusqu'à Langres de cet embranchement pouvant former plus tard la première section d'une ligne de Langres à Vitry.

Le ministre des travaux publics qui, afin de subvenir aux mêmes besoins, avait déjà demandé une allocation de 14 millions dans le but d'entreprendre entre Vitry et Donjeux une portion du canal projeté pour relier la Marne à la Saône[1] n'en avait pas moins fait étudier le tracé du chemin de fer. Laissant de côté la section de Saint-Dizier à Vitry susceptible d'être parcourue par la ligne de Paris à Strasbourg, le projet du

1. Voir p. 94.

gouvernement ne concernait que la portion comprise entre Gray et Saint-Dizier dont la longueur
devait être de 155 kilomètres. La dépense kilométrique était évaluée à 350,000 fr., et le produit
brut à 23,000 francs. Ce revenu ne pouvait
suffire au service de l'intérêt et à l'amortissement
du capital. Il était donc tout au moins nécessaire,
disait M. Dumon dans l'exposé des motifs, d'entreprendre cette ligne selon le système de la
loi de 1842, mais néanmoins il y avait lieu d'espérer que des compagnies ne tarderaient pas à
se former pour terminer les travaux moyennant
l'abandon des ouvrages exécutés jusqu'à concurrence des premiers crédits et moyennant une
subvention bien inférieure aux sacrifices qu'im-
poserait au Trésor l'application entière de la loi
de 1842. Le projet affectait à l'établissement de
la ligne de Saint-Dizier à Gray par Joinville,
Chaumont et Langres une somme de 31 millions.

Bien que le rapporteur M. de Bussières eût
conclu à l'adoption pure et simple du projet, la
Chambre se rallia à un amendement de M. Lanyer
portant simplement autorisation pour le ministre
des travaux publics de concéder la ligne de Saint-
Dizier à Gray pour quatre-vingt-dix-neuf ans par
voie de publicité et de concurrence. Toutefois si
dans le délai de six mois l'adjudication restait

sans résultat, le ministre était autorisé à commencer les travaux aux frais de l'État. Un crédit de 4 millions sur l'exercice 1847 fut ouvert à cet effet.

Devant la Chambre des pairs le duc de Fezensac, en donnant au projet l'adhésion de la commission dont il était rapporteur, engagea avec instance le gouvernement, dans l'intérêt des finances, à n'accepter désormais qu'avec une extrême réserve toute demande de concessions nouvelles.

Le prolongement de la ligne du Centre, d'une part de Vierzon à Limoges, d'autre part de Bourges à Clermont avait été classé en 1844 parmi les grandes lignes à ouvrir. Une loi du 26 juillet avait alloué les crédits pour l'exécution des sections de Vierzon à Châteauroux et de Vierzon au Bec d'Allier et autorisé l'adjudication en un seul lot de l'exploitation du chemin d'Orléans à Vierzon et de ses deux prolongements. Le ministre estimant qu'il y avait lieu de s'occuper de la continuation de ces lignes déposa dans la séance du 17 avril un projet relatif à la section de Châteauroux à Limoges et à celle du Bec d'Allier à Clermont.

Entre Châteauroux et Limoges le développement de la voie devait atteindre 142 kilomètres mais le produit kilométrique brut ne pouvait être évalué à plus de 10,000 francs. Néanmoins le ministre ne pensait pas que la modicité de ce revenu fût un motif suffisant pour exclure les régions pauvres du système général qui devait embrasser toute la France, lorsqu'il était possible de les y admettre. Il demandait pour le payement des dépenses à la charge de l'État 42,600,000 fr. qui furent accordés par les Chambres.

Lors du classement de la ligne de Bourges à Clermont l'administration avait en vue, pour le tracé de ce chemin à partir du Bec d'Allier, une ligne remontant la vallée de l'Allier et ne desservant Nevers que par un embranchement. Les habitants de cette ville avaient immédiatement protesté et réclamé l'étude d'une variante gagnant Nevers par le val de Loire, et ne rejoignant que près de Moulins le tracé primitif. Le ministre des travaux publics conserva cependant la préférence à la direction par la vallée de l'Allier qu'il considérait comme plus avantageuse à tous égards, la ville de Nevers, indépendamment des compensations que l'avenir lui réservait, étant assurée d'être reliée à la ligne principale par l'embranchement proposé. Le développement total de la voie projetée était de 162 kilomètres et la dépense à la charge de l'État dans le système de la loi de 1842 ne devait pas dépasser 24,300,000 francs.

Les propositions du gouvernement furent adoptées par les Chambres. Sur l'ensemble de ces deux allocations s'élevant à 66,900,000 fr. il fut ouvert un crédit de 5 millions sur l'exercice 1846 et de 9 millions sur l'exercice 1847.

Ce vote du Parlement, relatif à la continuation de la ligne du Centre, rendait nécessaire le prompt achèvement de la section d'Orléans à Vierzon[1] dont l'établissement avait présenté des difficultés sérieuses et inattendues. Certains travaux de défense dans le lit de la Loire avaient été jugés nécessaires. Enfin la ligne, se séparant aux Aubrais de celle de Tours, avait été raccordée à la ville même d'Orléans. La totalité des crédits supplémentaires à demander pour faire face à cette augmentation de dépenses était évaluée à 3,432,000 fr., somme comprenant la part des terrains laissés par la loi de 1842 à la charge des communes et qu'une loi postérieure[2] avait reportée au compte de l'État. Cette part s'élevant à près de 1 million ne constituait qu'une simple avance. Soldée sur le fonds des travaux, cette avance ne pou-

---

1. Cette ligne avait été dotée d'un crédit de 12 millions.
2. Voir p. 43.

vait être considérée comme une augmentation sur
les évaluations primitives qui comprenaient seulement la somme nécessaire pour payer le tiers des
terrains et ne se trouvaient par suite dépassées
que de 2,432,000 francs. Le ministre des travaux
publics demandait l'ouverture sur l'exercice 1846
d'un crédit supplémentaire de 4 millions. Mais le
rapporteur M. de Labaume fit observer qu'entre
cette somme et les dépenses effectuées ou simplement prévues s'élevant à 3,432,000 fr. il restait
une différence de 568,000 fr. et que, aux termes
de l'exposé des motifs, elle était seulement
réclamée « pour éviter tout mécompte ». Il proposa donc au nom de la commission de ramener
l'allocation au chiffre de 3,500,000 francs. La
Chambre se rallia à cet amendement et par la
même loi elle accorda au ministre des travaux
publics 500,000 fr. pour la liquidation des entreprises du chemin de fer de Montpellier à Nîmes,
qu'une loi du 15 juillet 1840 avait doté d'une
somme de 14 millions. L'administration s'était
chargée non seulement de l'achat des terrains et
de l'exécution des travaux, mais aussi de la pose
de la voie et de l'installation d'une partie du
matériel. Bien que renfermé dans les étroites
limites d'un crédit moyen de 260,000 fr. par kilomètre, le service de la construction de cette

ligne n'avait dépassé les prévisions que dans une très faible mesure.

La rapidité qu'assurait désormais aux transports de toute nature l'établissement des voies ferrées faisait d'autant plus apprécier les avantages résultant de la découverte récente du télégraphe électrique. Un crédit de 240,000 fr. avait été alloué par les Chambres en 1845 pour la pose d'un fil entre Paris et Rouen[1]. Les essais avaient pleinement réussi et par une série d'expériences on s'était assuré que les transmissions à des distances plus considérables que celle qui séparait ces deux villes étaient praticables. L'obligation d'établir un fil visible, susceptible par suite d'être intentionnellement détruit, avait néanmoins préoccupé certains esprits. Cet inconvénient était peu de chose en comparaison des interruptions auxquelles les lignes télégraphiques aériennes se trouvaient exposées. Indépendamment des brouillards, la construction d'un bâtiment ou la croissance de quelques branches menaçaient à chaque instant de créer au rayon visuel un obstacle entre deux stations.

Le système télégraphique aérien se composait

1. Voir p. 19.

alors de cinq grandes lignes [1] formant un ensemble de 534 postes. Elles avaient coûté à l'État 600 fr. par kilomètre et leur entretien annuel ne dépassait pas 200 francs. L'installation d'une ligne électrique était évaluée pour la même distance à 1,400 fr. ; mais, comme il y avait à déduire de ce chiffre la valeur du vieux cuivre des fils, soit 400 fr., la différence du prix kilométrique d'établissement entre les deux systèmes se trouvait ramenée de 800 à 400 francs.

Dans la pensée du ministre de l'intérieur, la mise en pratique de la télégraphie nouvelle devait s'accroître avec le développement des voies ferrées et comme la ligne du Nord allait être prochainement livrée à l'exploitation, M. Duchâtel demanda l'ouverture d'un crédit de 408,650 fr. pour l'installation d'une ligne électrique de Paris à Lille, ayant ses points extrêmes dans les deux villes à la gare du chemin de fer. Sur cette somme 381,150 fr. étaient affectés à l'établissement du télégraphe entre la gare de Paris et celle de Lille. Le surplus 27,500 fr. était réclamé pour faire parvenir le fil dans Paris, en se servant des égouts, jusqu'aux bâtiments de l'administration centrale des télégraphes, rue de Grenelle.

1. Ces lignes reliaient Paris à Lille, Strasbourg, Toulon, Bayonne et Brest.

Aux termes de la loi du 6 mai 1837, le gouvernement avait le privilège exclusif de correspondre
télégraphiquement, mais il semblait nécessaire,
pour donner satisfaction aux besoins de communications rapides, d'étendre cette faculté non seulement aux compagnies mais aussi au public. La
commission avait pensé que, lorsque le moment
serait venu de résoudre cette question, elle aurait
à choisir entre deux solutions. Par l'une, disait
le rapporteur M. Pouillet, on conserverait à l'État
le privilège exclusif de la transmission au moyen
d'une administration des télégraphes faisant
comme celle des postes le service du gouvernement et celui du public. Suivant l'autre, l'État
renoncerait à son privilège et les compagnies
de chemins de fer acquéreraient le droit d'uti-
liser les fils pour l'exploitation de leurs lignes et
pour la transmission des correspondances privées. La commission ne se croyait pas en droit
de régler d'ores et déjà cette question, mais
comme elle avait observé de la part de l'administration une tendance à substituer systéma-
tiquement et d'une façon progressive le télégraphe
électrique à la télégraphie aérienne elle crut à
propos d'émettre le vœu que le matériel de toutes
les stations faisant le service par signaux de Paris
à Lille fût conservé. Donnant à l'unanimité son

adhésion au projet, elle proposa de prolonger jusqu'à la frontière la ligne électrique de Paris à Lille, dépense qui élevait le crédit au chiffre de 429,650 francs. La Chambre adopta les conclusions de la commission et, à la demande du baron de Maingoval, elle décida que la ligne serait poursuivie d'autre part de Douai à Valenciennes. Le crédit alloué se trouva ainsi porté à la somme de 489,650 fr. qui fut aussi votée par les pairs sur le rapport favorable de M. Gabriel Delessert.

Une modification absolue du régime postal ne paraissait pas moins nécessaire pour satisfaire aux besoins nouveaux. Suivant les tarifs alors en vigueur [1] les lettres étaient taxées à 0,20 centimes par 20 kilomètres, taxe qui subissait suivant la distance une progression atteignant 1 fr. 20 centimes pour 900 kilomètres et au-dessus. Le ministre des finances proposait de substituer à cette tarification une taxe par zones. Le payement à effectuer pour les 20 premiers kilomètres était fixé à 10 centimes et s'élevait graduellement en cinq séries jusqu'à 50 centimes pour les distances supérieures à 900 kilomètres.

Le projet ministériel comportait aussi la suppression du décime rural frappant les lettres dis-

1. Loi du 15 mars 1827.

IV.   8

tribuées ou reçues dans les communes où il n'existait pas de bureau, l'abaissement à 10 centimes du port des lettres adressées aux sous-officiers et aux soldats ou expédiées par eux, enfin la réduction à 2 0/0 du droit de 5 0/0 sur les envois de fonds ou d'articles précieux.

M. Lacave-Laplagne faisait observer dans l'exposé des motifs du projet de loi que, si ces diverses modifications devaient avoir pour résultat une diminution de recettes évaluée à 11,398,000 fr., elles étaient par contre susceptibles d'exercer une influence favorable sur la morale publique et sur la circulation.

La commission s'était trouvée en parfait accord avec le gouvernement sur les lignes générales du projet, mais la Chambre, en arrêtant l'ordre du jour de ses délibérations, n'en avait placé la discussion qu'après celle du budget des dépenses. Il était donc à craindre que la réforme postale ne pût être votée avant la clôture de la session et le ministre, estimant qu'il y avait de graves inconvénients à ajourner plus longtemps la suppression du décime rural ainsi que la réduction du droit sur les envois de fonds ou d'articles précieux, avait fait de ces deux modifications l'objet d'un projet spécial qui fut voté presque sans débat par les Chambres.

Pas plus que les années précédentes le gouvernement hellénique ne s'était trouvé en mesure de solder les intérêts de l'emprunt qu'il avait contracté, et le ministre des finances eut encore à demander aux Chambres en 1846 l'ouverture d'un crédit de 527,241 fr. nécessaire au payement du semestre échu le 1er mars.

Le gouvernement du roi Othon avait signé le 14 septembre 1843, à la veille du jour où éclata le soulèvement qui devait modifier le régime intérieur de la Grèce [1], une convention par laquelle il affectait au solde des intérêts de l'emprunt les recettes provenant des douanes et du timbre et réglait le remboursement au moyen d'une émission de bons du Trésor grec. Sans avoir la pensée de renier un engagement conclu antérieurement à leur arrivée aux affaires, les ministres constitutionnels du roi Othon s'étaient crus forcés d'user de certains ménagements envers l'opinion publique peu favorable à l'acte souscrit par leurs prédécesseurs. Un dissentiment s'était par suite élevé en 1845 entre les trois puissances garantes qui, d'un commun accord, exigèrent du gouvernement hellénique la nouvelle ratification de ses engagements. Par suite, le cabinet d'Athènes

1. Voir t. III, p. 331.

avait dû mettre à la disposition des trois puissances tout l'excédant des recettes que l'administration espérait réaliser sur le budget en préparation. Néanmoins, le gouvernement du roi
Louis-Philippe n'avait pas voulu courir le risque
d'aggraver les embarras de la Grèce en faisant
attribuer à la France sa part dans cet excédant.

Sur le rapport favorable du marquis de Sainte-
Aulaire, la Chambre des députés adopta à l'unanimité le projet ministériel. Mais à la Chambre des
pairs le comte Pelet de la Lozère questionna le
cabinet sur les causes du dissentiment survenu
entre la France et l'Angleterre qui, contrairement
à nous, avait demandé sa part. Le ministre des
affaires étrangères répondit qu'il n'y avait lieu de
chercher les causes de cette dissidence que dans
la diversité des informations reçues à Paris et à
Londres. M. Guizot, persuadé de la sûreté des
renseignements fournis par ses agents, se croyait
donc en droit de témoigner à la Grèce une bienveillance que l'Angleterre refusait à cette puissance. Sur ces explications la Chambre des pairs
adopta la loi par 125 voix contre 4.

L'amiral de Mackau avait saisi les Chambres
d'un projet ayant pour objet de réaliser les pres-
criptions résultant de l'ordonnance du 1er février
1837 et de la décision royale du 4 mars 1842

pour la composition des forces navales du
royaume. Il fallait avant toute autre chose accorder
des crédits suffisants pour l'entretien des bâtiments à flot et assigner une part plus large aux
constructions navales en chantier. Déjà le Parlement avait inscrit au budget de 1846 une
augmentation destinée au renouvellement de la
flotte. Le ministre de la marine venait donc
demander les sommes qu'il considérait comme
indispensables pour placer les forces navales
dans l'état résultant des fixations antérieurement
établies, mais sous certaines modifications nécessitées par l'application progressive de la vapeur.

La flotte portée à l'état normal au terme d'une
période de sept années devait comprendre
270 bâtiments à voiles, dont 240 à flot et 30 en
chantier, et 100 bâtiments à vapeur à flot, soit un
total de 370 bâtiments. Ces derniers présentaient
un excédant de 30 bâtiments sur l'effectif pres-
crit par la décision du 4 mars 1842. Indépendamment des bâtiments à flot et en chantier aux
22/24mes d'avancement l'ordonnance de 1837
avait prévu la formation d'une réserve de 29 vaisseaux et frégates en chantier, sans indication du
degré d'avancement. Il avait semblé convenable
à l'amiral de Mackau de fixer à 20 le nombre des
vaisseaux et frégates en réserve et de porter ces

bâtiments au degré de 14/24mes. Pour atteindre
ce résultat 135 millions étaient nécessaires.
Toutefois il fallait déduire de cette somme le
crédit annuel de 6 millions, figurant au projet de
budget de 1847 pour constructions neuves et qui,
se reproduisant pendant sept années, ramènerait
à 93,100,000 fr. le total de la dépense[1] à laquelle
il serait pourvu au moyen des ressources de la
dette flottante et qui ferait au budget de la marine
l'objet d'un chapitre spécial.

La commission avait été particulièrement
préoccupée de ne pas constituer une flotte dont
une partie ne pourrait être pourvue de ses équi-
pages, car elle estimait que malgré l'inscription
maritime les ressources en marins étaient fort
restreintes. Par des modifications opérées sur le
nombre des bâtiments à voiles elle avait réduit le
crédit à 115 millions. Son rapporteur, M. Hernoux,
exposa que la grande flotte impériale avait
été inhabile à tenter de sérieux efforts parce
qu'elle était faible malgré le nombre de ses bâtiments. L'Empire manquait de matelots et les
remplaçait par des soldats. C'était l'équilibre
entre le matériel et le personnel de la flotte que,
suivant ce député, il fallait avant tout rechercher.

1. Soit 13,300,000 francs par an.

Quelques-unes des réductions avaient été acceptées par le ministre de la marine, mais elles furent combattues par M. Thiers, qui aurait au contraire voulu une augmentation du nombre des vaisseaux à voiles et qui sut démontrer qu'avec l'inscription maritime il était possible de faire face à tous les besoins. « Autrefois, dit-il, on se servait « de l'inscription un peu comme de la presse elle-« même. Quand on était obligé d'armer un bâti-« ment, on prenait ce qu'on avait près de soi, on « prenait dans le voisinage même du port d'arme-« ment... On faisait faire dix ou douze années de « service à quelques-uns pendant que d'autres ne « passaient jamais une année à bord des vaisseaux « de l'État. Aujourd'hui grâce à la levée perma-« nente tous les hommes de l'inscription passent « à tour de rôle sur les vaisseaux de l'État[1]. »

La Chambre convaincue par M. Thiers affecta 93 millions aux constructions navales et à l'approvisionnement des arsenaux. Cette somme dut être employée concurremment avec les crédits imputables sur les ressources ordinaires du budget que la loi de finances allouerait chaque année pour la même nature de dépenses. Ces propositions furent adoptées à l'unanimité par les pairs.

---

1. Thiers. *Discours parlementaires*, t. VII, p. 229.

8.

Le projet de loi concernant les crédits extraordinaires et supplémentaires des exercices 1845
et 1846 avait été déposé par le ministre des
finances dans la séance du 3 janvier. Pour 1845
les premiers s'élevaient à 18,597,132 fr. et
les seconds à 12,074,751 fr., soit un ensemble de
30,671,883 fr. que divers projets supplémentaires
déposés ultérieurement portaient au chiffre de
30,716,883 fr. mais que les annulations ramenaient à celui de 11,942,833 francs. La commission le réduisant de 182,105 fr. avait fixé le
total des crédits à 11,760,728 francs. Pour l'exercice 1846 les crédits supplémentaires présentés
dans le projet de loi général et dans un projet additionnel montaient à 15,947,628 fr. qui, accrus
des crédits reportés des exercices précédents,
constituaient un total de 27,497,854 fr. abaissé
à 26,824,763 fr. par la commission. Son rapporteur le marquis de La Grange avait la convic-
tion que si le gouvernement eût voulu mettre un
peu de fermeté à résister à l'accroissement des
dépenses et cela seulement pendant une année,
l'équilibre n'eût pas tardé à être rétabli. Les
embarras de la situation financière provenaient
en effet de ce que le progrès de la dépense était
encore plus accéléré que celui du revenu.

Le débat relatif à l'adoption d'un crédit de

500,000 fr. pour missions extraordinaires permit à M. Thiers de questionner le gouvernement sur les affaires de La Plata. Le président de la République argentine, Rosas, s'était quelques années auparavant rendu coupable de vexations à l'égard des Français établis à Buenos-Ayres, auxquels il avait voulu imposer l'obligation de se dénationaliser au bout de trois ans de séjour sur le sol argentin. Cette prétention, contraire au droit des gens, était d'autant plus exorbitante qu'elle ne s'appliquait ni aux nationaux de l'Angleterre, ni à ceux des États-Unis, puissances qui avaient su se faire craindre de la République Argentine. Les États voisins ayant eu également à se plaindre de Rosas s'étaient armés contre lui et avaient demandé l'assistance de la France qui leur avait accordé en 1840 le concours de sa marine et un subside de 1,500,000 francs.

L'amiral de Mackau, à la tête d'une escadre, avait fait signer par Rosas, au mois de novembre de la même année, un traité aux termes duquel le président de la République Argentine s'engageait à indemniser les Français lésés, à les respecter désormais dans leurs personnes et dans leurs biens et par lequel il reconnaissait en même temps l'indépendance absolue de la République de l'Uruguay déjà stipulée par une convention de 1828. Malgré ces assurances, la lutte fut bientôt reprise entre les deux États et les troupes argentines assiégèrent Montevideo. Dans la séance du 29 mai 1844, M. Thiers interpella le gouvernement sur les motifs qui l'avaient empêché de s'opposer à l'invasion du territoire de l'Uruguay. Le ministre des affaires étrangères lui répondit que Rosas avait fidèlement exécuté le traité et que la guerre survenue entre les deux États était indépendante de celle que nous avions dû antérieurement déclarer au dictateur. Cependant, ajoutait M. Guizot, le gouvernement avait, de concert avec l'Angleterre, offert en faveur de la paix sa médiation, refusée à Buenos-Ayres. La France pouvait-elle s'engager ainsi dans toutes les luttes intestines ou d'État à État par le fait seul que des Français résidaient dans ces États et s'étaient crus en droit de prendre part à leurs querelles? Néanmoins, M. Thiers, contestant que le traité eût été observé par Rosas tant à l'égard de la France et des Français qu'à l'égard de Montevideo, insista sur la nécessité de le faire exécuter. « La France, disait-il, ne peut reculer quand il s'a-« git d'un traité et de la vie de ses nationaux[1]. »

Depuis cette époque, à la demande du général O'Brien, sujet anglais qui s'était distingué dans

---

1. Thiers. *Discours parlementaires*, t. VI, p. 442.

les guerres de l'Amérique contre la métropole espagnole, le gouvernement de la Grande-Bretagne était intervenu et le gouvernement français avait suivi cet exemple, mais sans pousser jusqu'au bout son intervention. Rosas avait vu là une nouvelle preuve de tergiversation. Sans demander la destruction du pouvoir de ce dictateur, M. Thiers put donc réclamer dans la séance du 13 mai 1846 une action plus énergique à La Plata. « Toutes les raisons d'humanité et d'intérêt commercial, fit-il observer, sont réunies pour que la France use enfin de sa puissance. Et ici vous êtes unis à l'Angleterre, il n'y a aucune raison politique, aucune raison militaire à alléguer pour différer davantage[1]. »

Le ministre des affaires étrangères ayant alors objecté que si le gouvernement s'était décidé à intervenir l'année précédente pour rétablir la paix et assurer l'indépendance de l'Uruguay, il s'était toutefois imposé la loi de ne pas prendre part dans ces luttes intestines, la Chambre rejeta un amendement de M. Thiers aux termes duquel le crédit de 57,000 fr. pour frais de mission à La Plata était augmenté de 1,000 francs.

La loi, réduisant de 18,783,050 fr. les crédits

1. Thiers. *Discours parlementaires*, t. VII, p. 244.

antérieurement votés pour 1845, fixa pour le même exercice les crédits supplémentaires à 18,510,132 fr. et les crédits extraordinaires à 12,033,646 francs. Sur l'exercice 1846 elle accorda 5,762,099 fr. pour les premiers, 20,765,853 fr. pour les seconds et 346,812 fr. de crédits extraordinaires spéciaux pour le payement des créances des exercices périmés. Les crédits inscrits pour les travaux extraordinaires sur les exercices 1844 et 1845, furent réduits d'une somme de 45,911,672 fr. restée sans emploi, mais il fut affecté à ces travaux 54,248,400 fr. de crédits supplémentaires sur les exercices 1845 et 1846. Enfin il fut ouvert sur 1845 pour les mêmes services aux ministères des travaux publics et de la guerre des crédits spéciaux montant à 2,930,000 fr. En augmentation des restes à payer des exercices clos la loi accorda des crédits supplémentaires pour une somme de 870,622 francs. Enfin elle ouvrit au ministre des finances un crédit de 527,240 fr. à l'effet de pourvoir au payement du semestre de l'emprunt grec échu le 1ᵉʳ septembre 1845.

Par une autre loi promulguée le 3 juillet 1846, le Parlement arrêta le règlement définitif du budget de 1843 de la façon suivante : Les payements furent fixés au chiffre de 1,418,591,432 fr. et les recettes à celui de 1,372,230,201 francs.

Il en ressortait un excédant de payements de 46,361,231 fr. auxquels il fallait ajouter 20,680,308 fr. pour les dépenses du service colonial sauf règlement définitif de ce service dans la loi des comptes de 1844. L'excédant total des dépenses, 67,041,539 fr., avait trait pour 39,826,738 fr. au service ordinaire et pour le surplus 27,214,800 fr. aux grandes lignes de chemins de fer.

Par suite des tentatives nouvelles d'Abd-el-Kader, le gouvernement se voyait obligé de recourir encore pour l'Algérie à des suppléments de crédits. Le nouveau ministre de la guerre, le général Moline de Saint-Yon déposa donc sur le bureau de la Chambre des députés, dès les premiers jours de février, un projet de loi relatif à des crédits extraordinaires pour l'Algérie, auxquels il joignit diverses demandes pour dépenses non prévues au budget ordinaire de son département.

L'effectif de l'armée d'Afrique au 1er décembre 1845 était de 95,381 hommes non compris les troupes indigènes. Le gouvernement proposait de le maintenir au même chiffre sous la déduction des pertes éventuelles [1] et d'allouer au titre de l'exercice courant 19,395,016 fr. pour

1. Les pertes présumées étaient évaluées à 1,381 hommes.

l'entretien de 34,000 hommes et de 3,317 chevaux excédant les fixations budgétaires. Divers
autres crédits réclamés pour l'achat de chevaux
et de mulets, pour le maintien sur le même pied
des troupes indigènes, pour le développement
de la colonisation et le fonctionnement de l'administration, enfin pour des dépenses concernant
les divisions territoriales de l'intérieur, constituaient une somme totale de 25,403,841 francs.

La commission, sans opérer aucune diminution
sur les demandes destinées à l'effectif d'Algérie,
réduisit à 24,923,741 fr. l'ensemble des crédits,
qui fut définitivement fixé par les Chambres au
chiffre de 25,174,741 francs.

Depuis plusieurs années les pouvoirs publics
poursuivaient avec sollicitude l'amélioration de
nos établissements maritimes et le ministre
des travaux publics réclamait encore à cet
effet l'ouverture d'un crédit de 13,700,000 fr.
qui devait être affecté aux ports de Calais, Le
Tréport, Saint-Valéry, Saint-Vaast, Légué-Saint-
Brieuc, Audierne, Tonnay-Charente, Honfleur et
Redon, à la défense du littoral des îles de Ré et
de Noirmoutiers ainsi que de la pointe de Graves,
enfin à l'établissement d'un canal maritime du
port de Bouc à l'étang de Berre.

Les diminutions opérées par la commission

tant sur les travaux relatifs à ce canal qu'à ceux
du port de Redon avaient ramené la dépense à
12,700,000 francs. Le gouvernement consentit
à la seconde de ces deux réductions, mais il
obtint le rejet de la première, le ministre des
travaux publics ayant fait valoir l'avantage résultant immédiatement pour la marine marchande
et pouvant résulter dans l'avenir pour la marine
militaire de l'établissement du canal de Bouc
dans les conditions de largeur indiquées par lui.

La Chambre des députés et après elle la Chambre des pairs fixèrent par suite à 13,300,000 fr.
l'ensemble des allocations. Il dut y être pourvu
provisoirement au moyen des ressources de la
dette flottante.

Le Parlement autorisa également le ministre
des travaux publics à racheter pour la somme de
300,000 fr., au moyen des ressources affectées à
l'exercice 1846 par la loi de finances de 1845, la
concession perpétuelle du havre de Courseulles,
situé sur le littoral de la Manche dans le département du Calvados et qui avait cessé de faire
partie du domaine public en 1830 pour devenir
la propriété privée d'un concessionnaire, à la
charge pour ce dernier d'exécuter certains travaux. Les droits, que la loi avait accordés à ce
concessionnaire pour l'indemniser, avaient paru

trop lourds aux populations qui fréquentaient ce havre dont le gouvernement crut devoir, pour ce motif, provoquer le rachat mettant ainsi fin à une situation unique et anormale.

Avant d'aborder le budget de 1847, il y a lieu de relater ici les divers autres crédits votés au cours de la session de 1846 et d'en rappeler l'objet ainsi que le montant :

Complément de dépenses secrètes.	1,000,000
Secours aux hospices, etc. . .	300,000
Inscriptions de pensions militaires.	450,000
Célébration des fêtes de juillet. .	200,000
Indemnité à Mme Bournat[1]. . .	12,537
Acquisition de terrains nécessaires au Muséum.	1,036,768
Publication de l'ouvrage de MM. Botta et Flandin sur les ruines de Ninive.	292,550
Achèvement de divers édifices publics.	3,432,296 [2]
A reporter. . .	6,724,151

1. En exécution d'un arrêt de la cour de Paris, en date du 5 mars 1846.

2. Sur cette allocation, il était attribué 1,335,102 fr. à l'exercice 1846 et 800,194 fr. à l'exercice 1847.

Report. . . . 6,724,151

Construction du palais de la cour
royale de Pau. . . . . 706,864 [1]

Total. . . . 7,431,015

Il fut en outre alloué au moyen des ressources
de la dette flottante pour :

Reconstruction des ponts de Cé et
de celui de Bancel. 2,250,000

Travaux de rectification des
routes royales. 3,000,000

Total. . . . 5,250,000

En présentant dans la séance du 3 janvier 1846
le projet de budget pour l'exercice 1847,
M. Lacave-Laplagne appela l'attention de la
Chambre sur les causes qui avaient récemment
modifié en Europe l'état des subsistances et l'état
du crédit.

La médiocrité des récoltes avait excité partout
et particulièrement en Angleterre de sérieuses
préoccupations pour l'année à venir. La France,
grâce à la variété de ses cultures, se trouvait
néanmoins dans une situation plus rassurante que

---

1. Sur cette somme, il était ouvert au ministre de l'intérieur,
sur l'exercice 1847, un crédit de 141,376 francs.

la plupart des puissances, mais il était à craindre
que le renchérissement du pain, apportant une
réduction dans les autres consommations, ne vînt
ralentir d'une façon temporaire le mouvement
ascensionnel de nos produits. Ces inquiétudes
avaient par suite affecté le crédit sur certaines
places de l'Europe d'une façon telle que le cours
de nos effets publics en avait ressenti le contre-
coup. En même temps, les détenteurs de capitaux, excités par les succès de quelques entreprises, s'étaient laissés entraîner à confier leurs
fonds dans une trop large mesure aux compagnies de chemins de fer, malgré les avertisse-
ments réitérés du gouvernement. A cet entraînement irréfléchi n'avait pas tardé à succéder une
réaction dont toutes les valeurs avaient été
momentanément affectées ; mais la confiance
semblait alors déjà renaître et démontrait toute
la solidité et toute la puissance de notre crédit.

Examinant ensuite l'état des finances publiques, le ministre envisageait l'avenir avec une
confiance absolue. L'année précédente le découvert sur le service ordinaire de 1843 avait été
porté à 45,375,646 francs. Le projet de règlement de compte le réduisant de 5,548,908 fr. en
fixait le montant à 39,826,738 francs.

La situation de l'exercice 1844 présentait une

amélioration encore plus sensible. Son découvert, évalué à 31,492,771 fr., se trouvait abaissé à 5,807,773 fr., mais par contre celui de 1845, voté avec un excédant de dépenses de 1,791,831 fr., laissait subsister d'après les évaluations une insuffisance de 18,949,118 francs. Les événements de l'Algérie et de la Plata, les armements de la côte d'Afrique, certains travaux soldés sur les fonds ordinaires avaient grevé cet exercice de charges imprévues et les primes payées à l'exportation des marchandises avaient pris dans le cours de cette année un développement considérable.

Le ministre des finances rappelait que trois ans plus tôt, en présentant le budget de 1844, il avait estimé à 371,609,072 fr. les découverts antérieurs à cet exercice d'où il semblait alors résulter que leur extinction exigerait l'emploi des réserves de l'amortissement non seulement jusqu'à la fin de 1846, mais encore pendant une partie de l'année 1847. Depuis cette époque trois découverts nouveaux étaient venus s'ajouter à cette dernière somme et cependant, malgré les 25 millions auxquels il y avait lieu de porter provisoirement le découvert de l'exercice 1846 qui ne faisait que s'ouvrir, le total général ne s'élevait plus qu'à 354,996,765 francs.

Les réserves réalisées sur les années 1842, 1843,
1844 et 1845, montaient à 284,610,840 francs.
Il ne restait par suite à imputer sur les réserves de
1846 que 70,385,925 fr. pour effacer toute trace
des découverts accumulés depuis 1840. Comme
ces réserves devaient être de 80 millions environ,
il allait même être possible de commencer, dès
l'année courante, à les employer au remboursement des avances faites pour les grands travaux
publics par la dette flottante qui avait déjà trouvé
un soulagement dans le remboursement, effectué
par certaines compagnies de chemins de fer, du
prix des travaux exécutés aux frais de l'État. Ces
payements s'étaient élevés en 1845 à 28 millions.
Nous avons vu d'autre part [1] que, sur l'emprunt
de 450 millions, 100 millions avaient pu être
affectés à la consolidation en rentes d'une portion
des placements aux caisses d'épargne et que cette
somme avait ainsi disparu de la dette flottante.

En ce qui concernait le service ordinaire le
projet de budget pour l'exercice 1847 évaluait les
recettes à 1,337,870,680 fr., les dépenses à
1,334,717,018 fr.; soit un excédant de recettes
de 3,153,662 francs.

Au service extraordinaire les travaux régis par

1. Voir p. 57.

la loi du 25 juin 1841 étaient portés en recettes et en dépenses pour une somme égale de 21,341,500 fr., mais les travaux soumis au régime de la loi du 11 juin 1842 ne figuraient qu'en dépense et constituaient sur l'ensemble de ce service une insuffisance de 99,616,000 francs.

M. Bignon, que la commission choisit encore pour rapporteur, signalant la fâcheuse tendance qu'avait le gouvernement d'accroître sans cesse les dépenses ordinaires en proportion de l'augmentation des produits, proclama la nécessité de toujours laisser un excédant de recettes pouvant répondre aux éventualités considérables qui surviennent dans le cours de chaque exercice et demanda également de suspendre l'émission de tout nouveau projet relatif à des travaux extraordinaires.

Ces observations n'étaient que trop fondées ; car, si le budget ordinaire de 1847, tel qu'il avait été présenté par le ministre, offrait bien un excédant de recettes de 3,153,662 fr., cet excédant avait été presque aussitôt réduit à 2,005,092 fr. par le renvoi de divers projets de loi qu'avait fait la Chambre à la commission. D'autre part, cette commission s'était vue dans la nécessité de proposer au budget des finances pour les primes à l'exportation une augmentation de 3,500,000 fr.

qui dépassait de 277,523 fr. les diverses réductions opérées par elle. Enfin, des lois spéciales
dont les crédits affectaient le budget de 1847
allaient en accroître les charges et constituer
un surcroît de dépenses de 53,807 francs.

La Chambre, après avoir alloué à la première partie du budget « Dette Publique »
379,172,816 fr. et 14,819,271 fr. à la deuxième
partie « Dotations », passa à la discussion du
budget de la justice et des cultes.

Le gouvernement avait demandé pour les services de la justice 25,608,375 fr., somme supérieure de 2,518,422 fr. à celle qui avait été accordée l'année précédente. Une augmentation de
2,350,230 fr. était destinée à élever les traitements des magistrats composant les cours
royales et les tribunaux de première instance.

L'insuffisance des émoluments de la magistra-
ture avait été souvent reconnue par les Chambres
qui, ajournant des améliorations partielles, avaient
émis le vœu de voir régler cette question dans un
travail d'ensemble. Le garde des sceaux proposait
par suite de porter les traitements des premiers
présidents des cours de 24,000 fr., 20,000 fr.,
15,000 fr., 12,000 fr., à 25,000 fr., 18,000 fr. et
15,000 fr.; ceux des conseillers de 8,000 fr.
4,200 fr., 3,600 fr., 3,000 fr. à 10,000 fr.,

6,000 fr., 5,000 fr., 4,000 fr. et d'accroître la rétribution des autres membres dans les proportions
déterminées par le décret du 30 janvier 1811 [1].
Les juges et les substituts des tribunaux de
première instance, répartis en six classes, recevaient un traitement graduel fixé pour les deux
classes extrêmes à 1,500 et 6,000 francs. Le
projet élevant le traitement de chaque classe
fixait à 1,600 fr. celui de la sixième, à 7,000 fr.
celui de la première et améliorait en même temps
la situation des autres magistrats de première
instance en prenant pour base les émoluments
des juges et des substituts. Ceux du président
et du procureur du roi du tribunal de la Seine
étaient en outre portés de 16,000 à 18,000 francs.

En ce qui concernait les cours royales, la commission accueillit avec faveur l'augmentation réclamée qui fut même accrue par la Chambre d'une
somme de 94,000 fr. demandée par M. Vivien
pour améliorer dans une plus large mesure la
position des présidents de chambre, position
presque toujours définitive pour ces magistrats
qui ne parvenaient que rarement aux premiers

---

1. Ce décret allouait aux présidents de chambre le traitement
des conseillers avec un supplément du quart en sus, au premier
avocat général celui des présidents de chambre, aux autres avocats
généraux celui des conseillers avec un supplément du sixième en sus.

postes alors généralement réservés à des person-
nages politiques. Quant aux propositions relatives
aux tribunaux de première instance, la commission les avait légèrement modifiées par une
réduction opérée sur les traitements des présidents et procureurs du roi des tribunaux de
cinquième et de sixième classe, modification qui
fut adoptée sans débat.

Le chapitre 11 « Justices de Paix » figurait
avec un accroissement de 124,100 fr. qu'un projet de loi portait au chiffre de 189,400 francs. Le
gouvernement en effet avait pensé que les
raisons, qui motivaient une amélioration de la
situation des magistrats de première instance,
s'appliquaient aux juges de paix siégeant dans les
mêmes villes que les tribunaux. La commission
en proposa le rejet. Son rapporteur, M. Bignon,
fit valoir que la fonction de juge de paix ne devait
pas être considérée comme une carrière ouverte
à la jeunesse. L'institution pouvait, disait-il, en
être faussée, car, à ses yeux, elle n'était que le
complément d'une carrière honorable et la
rétribution attachée à cette fonction que l'appoint
d'une certaine aisance. La Chambre, repoussant
cette réduction sur les instances de M. Havin,
adopta au contraire un amendement présenté par
M. Dessaignes, amendement aux termes duquel

il était ouvert un crédit de 573,900 fr. pour faire
bénéficier de l'augmentation accordée aux juges
de paix des villes les juges de paix des communes
rurales qui étaient souvent entraînés à des frais
de déplacement considérables. Les dépenses des
services de la justice furent votées au chiffre de
26,725,895 francs.

Ceux des cultes présentaient par rapport à 1846
un surcroît de dépenses de 256,692 francs.
Les propositions du gouvernement qui compor-
taient l'érection en cures de trente cinq succursales, la création de trois cents postes de desservant, l'établissement de cent vicariats, en
même temps que l'élévation de divers crédits
pour assurer d'une façon plus complète le service
des cultes protestants et pour venir en aide par
des secours à la construction des édifices du
culte israélite, furent adoptées sans débat.
A la demande de M. Crémieux le minimum du
traitement des rabbins fut élevé à 500 fr. et la
Chambre ayant ainsi doté les services des cultes
de 38,768,550 fr. fixa à 65,494,445 fr. l'ensemble
des dépenses du département de la justice et des
cultes.

Les crédits demandés par le ministre des
affaires étrangères s'élevaient à 8,854,422 fr.
et constituaient pour 1847 une augmentation de

104,000 fr. qui s'appliquait tout entière au chapitre 3 « Traitements des agents politiques et
consulaires ». Elle était réclamée pour permettre
au gouvernement d'élever de 90,000 à 100,000 fr.
les appointements de l'ambassadeur de France à
Naples et d'améliorer la situation de divers con-
suls. Cette augmentation se trouvait ramenée à
99,031 fr. par suite de la suppression du chapitre 13 « Indemnités temporaires, » qui avait
été transporté au budget de la dette inscrite. La
Chambre adopta sans discussion qu'il y ait lieu
de relater les propositions du gouvernement.

Le budget de l'instruction publique qui avait
reçu l'année précédente 17,173,008 fr. figurait au
projet de 1847 pour la somme de 18,314,893 fr.,
soit une différence en plus de 1,141,885 francs.
Mais, comme les centimes votés pour l'enseignement primaire par les conseils généraux n'avaient
été évalués au budget de 1846 que pour 4,616,000
francs et qu'ils étaient calculés comme devant
atteindre en 1847 le chiffre de 4,815,500 fr., les
dépenses imputables sur ces crédits se trouvaient
accrues de 199,500 francs. Par suite, les augmentations à la charge de l'État ne montaient en
réalité qu'au chiffre de 942,385 francs. Dans
cette somme devaient en outre être comprises
certaines augmentations résultant de dépenses

nouvelles dont les crédits ne figuraient au total de l'exercice 1846 que pour les derniers mois de l'année. L'augmentation réelle de 1847 était ainsi ramenée à 810,260 fr. et s'appliquait pour près de 700,000 fr. à l'université.

Les traitements de l'inspection générale, alors fixés comme en 1808, offraient une rémunération si insuffisante que la plupart des fonctionnaires, parmi lesquels les inspecteurs généraux auraient dû être choisis, perdaient à être promus à ces postes. Le ministre demandait donc de porter de 6,000 fr. à 8,000 fr. le traitement qui leur était affecté et de créer en outre deux emplois d'inspecteur général pour le service de l'instruction primaire. Cette seconde proposition fut repoussée par la commission et par la Chambre qui décida à titre d'essai la création de deux inspecteurs supérieurs de l'enseignement primaire pourvus d'une rétribution de 4,000 francs.

Le chapitre 6 « Instruction supérieure », pour lequel un supplément de 324,960 fr. était réclamé en vue de relever diverses situations, d'établir des facultés nouvelles et d'ajouter quelques branches d'enseignement aux facultés existantes, fut réduit de 189,210 fr. par la Chambre qui arrêta à 17,938,983 fr. les dépenses du ministère de l'instruction publique.

La discussion du budget de l'intérieur fut mar-
quée par un vif débat. M. Thiers prit tout d'abord
la parole pour attaquer le ministère auquel il
reprochait de s'être progressivement éloigné des
principes qui avaient présidé à l'établissement du
gouvernement de juillet, mais M. Guizot et
M. Duchâtel, défendant la politique et les actes du
cabinet dont ils faisaient partie, démontrèrent
l'incontestable prospérité de la France. M. Odilon
Barrot. voulut néanmoins poser la question de
confiance en proposant une réduction de
10,000 fr. sur les dépenses secrètes. Cet amendement fut rejeté par les députés qui accordèrent
au ministre de l'intérieur pour son département 113,196,413 fr., somme supérieure de
3,536,305 fr. à celle qui avait été allouée en
1845.

La Chambre vota le budget de l'agriculture au
chiffre de 14,281,490 fr. et passa à la discussion
de celui des travaux publics qui se divisait comme
les années précédentes en deux sections, concernant l'une le service ordinaire, l'autre les travaux
extraordinaires.

Les crédits reclamés pour la 1ʳᵉ section s'élevaient à 62,196,100 fr., somme supérieure de
2,469,050 fr. à celle de 59,727,050 fr. votée l'année précédente. Cette dernière ne comprenait

pas les allocations spéciales attribuées à la construction de plusieurs bâtiments par diverses lois du 19 juillet 1845 et qui montaient pour 1846 à 831,300 francs. Comme elles avaient trait à des travaux dont la durée était limitée et qu'elles ne pouvaient par suite être considérées comme une charge permanente des budgets ordinaires il y avait lieu, pour arriver à une comparaison exacte, de déduire les 460,000 fr. portés pour les mêmes ouvrages au projet de budget de 1847. Ce retranchement ramenait ainsi à 2,009,050 fr. l'augmentation de cet exercice, augmentation qui, défalcation faite d'une somme de 259,000 fr. représentant les frais de contrôle et de surveillance dont le remboursement était imposé aux compagnies de chemins de fer par leurs cahiers de charges, ne se trouvait pas en réalité dépasser 1,750,050 francs.

A la 2ᵉ section figuraient d'une part 1 million s'appliquant exclusivement aux routes de la Corse, toutes les autres allocations afférentes aux travaux compris dans la loi de 1841 étant épuisées, et d'autre part 88,698,000 fr. pour les travaux provisoirement soldés au moyen des ressources de la dette flottante. Ce dernier chiffre pouvait s'accroître des sommes non consommées sur les crédits ouverts aux exercices

précédents et des nouveaux crédits qu'accorde-
raient les Chambres.

Tandis que le ministre déclarait que l'administration se trouverait ainsi en mesure de soutenir l'heureuse activité imprimée depuis quelques années aux travaux publics, le rapporteur
déplorait de voir s'accroître annuellement, avec
le capital des travaux entrepris ou à entreprendre,
la dotation qui leur était assignée. Tout en constatant que la commission des finances ne pouvait exercer aucune action modératrice sur les
crédits qui dérivaient des lois adoptées dans le
cours des sessions, M. Bignon adjurait ses collègues de ne pas se laisser entraîner à voter de
nouvelles dépenses sans s'occuper des vues d'ensemble qui devaient exercer une influence sur
leurs résolutions.

La Chambre adopta la réduction de 77,200 fr.
proposée par sa commission sur la 1re section,
mais, à la demande de M. Allard, elle aug-
menta le chapitre 13 « Navigation intérieure »
de 300,000 fr. destinés à la continuation du
canal de la Rochelle à Marans. Le budget des
travaux publics se trouva doté de 62,418,900 fr.
pour la 1re section et pour la 2° de 89,698,000
francs.

Les évaluations du budget du ministère de la

guerre reposaient pour 1847 sur une force de
339,765 hommes et de 81,670 chevaux. Dans cet
ensemble 60,000 hommes et 15,421 chevaux
représentaient l'effectif de l'armée d'Afrique à
laquelle s'appliquait exclusivement la faible différence en plus de 23 chevaux. Les dépenses prévues pour l'intérieur évaluées à 226,592,246 fr.
et les 75,992,211 fr. réclamés pour l'Algérie
portaient à 302,584,457 fr. le total du service
ordinaire. Le service extraordinaire figurait au
projet pour 23,019,500 francs. Les demandes
concernant le département de la guerre s'élevaient
ainsi à 325,603,957 fr., tandis que l'année
précédente, soit du fait de la loi de finances,
soit par le vote de diverses lois spéciales
relatives à des travaux extraordinaires, les crédits obtenus par le même département avaient
atteint le chiffre de 332,576,929 francs. Il y avait
ainsi en faveur de 1847 une différence en moins
provenant d'une diminution de 12,080,500 fr.
sur la 2e section, différence qu'une augmentation
de 5,107,528 sur la 1re section réduisait à
6,972,972 francs. Bien que l'effectif budgétaire
fût resté le même pour l'Algérie, l'extension des
divers services de cette colonie nécessitait un
supplément de 2,901,784 francs. D'ailleurs, au
moment même où le ministre de la guerre arrê-

tait ses propositions budgétaires il prévoyait
qu'au cours de la session il aurait à recourir pour
1846 aux crédits extraordinaires. Nous avons
vu [1] que par une loi spéciale la Chambre accorda
au gouvernement 25,174,741 fr. tant pour l'entretien en Algérie de 34,000 hommes et de
3,317 chevaux en sus de l'effectif déterminé par
la loi de finances de 1845 que pour subvenir à
des dépenses non prévues au budget de la
guerre.

La commission avait opéré sur la 1re section
diverses diminutions s'élevant à 1,178,487 francs.

La discussion du chapitre 9 « Solde et entretien des troupes » conduisit à la tribune M. Lanjuinais qui questionna le ministre de la guerre
sur un fait des plus graves. M. Bénier officier
comptable chargé des magasins de la place de
Paris était mort au mois de mai 1845. Son suc-
cesseur ayant fait, en prenant le service, l'inven-
taire régulier de l'état des magasins, avait constaté un déficit de 12,000 quintaux de blé,
représentant une valeur de 400,000 francs. On fut
ainsi amené à découvrir que, par un incontestable
violation des règlements en vigueur, le comptable
de cet important magasin avait été dispensé de

1. Voir p. 126.

fournir le cautionnement exigé. La commission
du budget exprima le vœu que de pareils faits
ne se renouvelassent pas. Mais M. Lanjuinais
estimant que cette commission était trop habituée
à la stérilité de ses vœux, proposa à la Chambre de
décider qu'il lui serait rendu compte à l'ouverture de la session suivante, des mesures adminis-
tratives et judiciaires prises par le ministre de la
guerre au sujet de ce déficit.

Sans chercher à justifier son administration
d'avoir dispensé de tout cautionnement le comptable infidèle M. Martineau des Chesnez, sous-
secrétaire d'État de la guerre, voulut du moins
expliquer les motifs de cette regrettable décision.
Le prédécesseur de M. Bénier, M. Boinod, ancien
ordonnateur en chef de l'armée, qui s'était retiré
du service pauvre et jouissant d'une réputation
de probité établie, s'était trouvé, en acceptant par
nécessité les fonctions de comptable à la manu-
tention de Paris, dans une position très inférieure
à celles qu'il avait antérieurement occupées.
L'administration lui avait tenu compte de ce
sacrifice en le dispensant de fournir une garantie
qu'il n'était pas d'ailleurs en état de réaliser. En
succédant à M. Boinod, M. Bénier fut chargé
d'achats de denrées destinées à être manutention-
nées dans l'établissement qu'il dirigeait et il eut

IV.   10

à faire sur sa propre fortune des avances qui
furent considérées par l'administration comme
l'équivalent d'un cautionnement dont, ainsi que
son prédécesseur, il avait été par suite dispensé.

Les explications fournies par le sous-secrétaire
d'État auraient peut-être paru suffisantes à la
Chambre, si M. Luneau n'était pas venu rappeler
que, en 1836, M. Texier, chef du bureau des
subsistances au ministère de la guerre, ayant
remarqué une différence sensible entre la gestion de M. Boinod et celle de M. Bénier, en
avait aussitôt rendu compte à ses chefs dans
un rapport détaillé qui valut pour toute récom-
pense à son auteur d'être immédiatement mis
d'office à la retraite. M. Luneau pensait qu'il
y avait tout intérêt pour l'administration de la
guerre, trop souvent accusée de connivence et
de mauvais vouloir, à saisir cette occasion pour
se disculper complétement. La Chambre partageant cette opinion adopta l'amendement de
M. Lanjuinais et fixa ensuite les dépenses de la
1ʳᵉ section au chiffre de 301,816,770 francs.

La 2ᵉ section fut, conformément aux propositions du gouvernement, dotée d'une somme de
23,019,500 fr. sur laquelle 14,601,500 fr. étaient
affectés aux travaux régis par la loi du 25 juin 1841
et 8,418,000 fr. aux travaux régis par celle du

11 juin 1842. Aucune allocation n'avait été portée au budget de 1847 pour les fortifications de Paris. Les 12 millions qui figuraient au budget de 1846 complétaient l'allocation générale de 140 millions attribuée à ces travaux par la loi du 3 avril 1841 et tout faisait présumer que le chiffre des prévisions premières ne serait pas dépassé.

Les dépenses du service ordinaire du ministère de la marine et des colonies, fixées pour 1846 à 109,660,645 fr. par la loi de finances, avaient été élevées à 117,305,565 fr. par les crédits que des ordonnances royales avaient ouverts à titre extra-ordinaire et par ceux qui avaient été demandés aux Chambres à titre supplémentaire dans le courant de la session. Le gouvernement récla-mait 117,963,654 fr. pour 1847, soit une diffé-rence en plus de 658,089 fr., résultant en grande partie de l'extension des armements sur la côte d'Afrique et de la mise à exécution de la loi du 18 juillet 1845 sur le régime des esclaves.

L'année précédente, la commission chargée d'examiner les questions qui se rattachaient à l'administration de nos colonies avait proposé l'émancipation immédiate des noirs du domaine d'accord en cela avec le ministre de la marine. Mais une objection avait été faite contre cette

mesure par certains esprits qui considéraient ces
esclaves comme ayant, en vertu de l'ordonnance
de 1825, le caractère d'une propriété locale
attribuée aux colonies. Pour obvier à cette difficulté, le vicomte de Carné et plusieurs de ses
collègues proposèrent de porter au chapitre 23
« Dépenses des colonies » une somme supplémentaire de 95,000 fr. destinée à compenser
pour les colonies le produit du travail des noirs.
M. Jollivet, combattant cet amendement, tenta
de faire valoir que l'affranchissement immédiat
des nègres du domaine aurait pour effet d'exciter
à la révolte les nègres encore soumis à l'esclavage chez des particuliers. Mais le ministre de
la marine, apportant dans la discussion son auto-
rité d'ancien gouverneur de la Martinique, fit
adopter la proposition si humaine de M. de Carné.

Depuis la présentation du budget, un projet
de loi spécial était venu accroître de 600,000 fr.
le chapitre 9 « Salaires des ouvriers » et avait
diminué d'égale somme les 891,580 fr. de réductions que la commission avait opérées sur la
1re section, dont les dépenses furent fixées par la
Chambre à 95,908,934 fr. pour les services de la
marine et à 22,257,885 fr. pour ceux des colonies, soit un ensemble de 118,166,819 francs.
Enfin il fut accordé 7,500,000 fr. à la 2e section

en faveur de laquelle le gouvernement demandait 8,240,000 francs.

Les services généraux du ministère des finances réclamaient 17,591,184 francs. Il en résultait relativement à 1846 une différence en plus de 188,110 francs. Une augmentation de 105,000 fr. était demandée au chapitre 25 pour rétablir les traitements de la cour des comptes au même taux que ceux de la cour de cassation. Les appointements des membres de ces deux cours avaient subi en 1832, sous l'influence de circonstances supérieures, une réduction considérable ne pouvant avoir qu'un caractère temporaire. Depuis lors la cour de cassation avait vu ses traitements rétablis d'après les bases de la loi du 27 messidor an XII et il était de toute justice d'accorder la même faveur à la cour des comptes, d'autant plus que par le fait de la loi de 1845, réglant la composition du conseil d'État, les membres de ce corps avaient bénéficié d'une mesure analogue.

M. Luneau demanda le rejet de cette augmentation ajoutant que, à une époque récente, des charges à la cour des comptes avaient été vendues. Ce député prétendait même qu'il ferait la preuve des faits avancés par lui si la Chambre ordonnait une enquête législative. Le ministre

des finances, M. Lacave-Laplagne, déclara avec
énergie qu'il considérerait toute enquête comme
une injure. Il protesta en affirmant que pour toutes
les nominations proposées par lui comme ministre
des finances, en vue de pourvoir aux vacances
survenues à la cour des comptes, il n'y avait eu
aucune transaction du genre de celle dont avait
parlé M. Luneau. Il est néanmoins certain que
divers emplois avaient été l'objet de transactions pécuniaires et cela au su du gouvernement
qui s'était d'ailleurs toujours considéré comme
libre de ne pas en tenir compte[1].

Les propositions du gouvernement portant à
30,000 fr. les traitements du premier président et
du procureur général ; à 18,000 fr. et 15,000 fr.,
ceux des présidents et conseillers maîtres ; à
6,000 fr. et 2,000 fr. ceux des conseillers réfé-
rendaires furent ensuite adoptées et les dépenses
des services généraux du ministère des finances
furent votées au chiffre de 17,591,184 fr. ac-
cepté par la commission.

La quatrième partie du budget « Frais de
régie, etc., » pour laquelle le ministre des finances demandait 151,843,390 fr. se présentait avec
une augmentation finale de 2,110,164 fr. dont

1. Guizot, *Mémoires*, t. VIII, p. 36.

614,000 fr., exigés par les frais de main-d'œuvre et de perception, étaient plus que couverts par un accroissement dans les recettes. L'administration des postes se proposait de remplacer en 1847 une partie des malles-postes par des bureaux ambulants sur huit lignes de chemins de fer au départ de Paris. L'activité que ce service allait imprimer aux relations devait produire un avantage qui compenserait largement le sacrifice de 533,946 fr. nécessité par ce nouveau mode de transport des dépêches.

La Chambre ayant alloué 151,665,390 fr. à la quatrième partie du budget passa à l'examen de la cinquième partie « Remboursements, etc., » qui se trouvait portée au projet pour une somme de 69,588,850 fr. et qui fut dotée de 73,088,850 fr. Ce dernier chiffre proposé par la commission comportait une augmentation de 3,500,000 fr. destinée à élever de 11,500,000 fr. à 15 millions les crédits du chapitre 73 « Primes à l'exportation ».

Les recettes de l'exercice 1847 avaient été évaluées par le ministre des finances à 1,337,870,680 fr. pour le service ordinaire et pour le service extraordinaire à 21,341,500 fr. imputables sur les ressources de l'emprunt en rentes affectées aux travaux régis par la loi du 25 juin 1841.

Ces prévisions formant un total de 1,359 millions furent, à la suite d'une nouvelle évaluation des revenus ordinaires, abaissés à 1,357 millions par la commission. Elle désigna pour rapporteur M. Magne, député de la Dordogne, qui devait plus tard diriger sinon dans un esprit de véritable sagesse du moins avec un certain éclat les finances du second empire.

« Deux systèmes qui diffèrent par leurs prin-
« cipes et leurs conséquences, écrivait M. Magne,
« peuvent être appliqués à l'administration finan-
« cière d'un pays. L'un consiste à considérer l'équi-
« libre du budget comme une maxime rigoureuse
« de prudence et de bon gouvernement, par consé-
« quent à circonscrire étroitement les dépenses
« dans la limite des revenus ordinaires..... Dans
« l'autre on pense au contraire que les époques
« de paix et de prospérité prolongées convien-
« nent aux entreprises hardies et que, dans ces
« conditions, les moyens extraordinaires profitent
« presque toujours aux nations, lorsqu'ils sont
« employés à des dépenses productives..... Après
« 1840 le gouvernement et les Chambres avaient
« à choisir entre ces deux systèmes d'adminis-
« tration. » Puis, après avoir déclaré que malgré
les exigences de la paix armée et l'accroissement
continu des dépenses de l'Algérie, il eût été pos-

sible à l'aide du premier de ces deux systèmes de
rétablir les finances dans un état de pleine prospérité et de rendre absolument libre la réserve
de l'amortissement, le rapporteur ajoutait :
« Devrions-nous nous féliciter de cette prospé-
« rité apparente obtenue au détriment des services
« publics et des grands travaux d'utilité générale ?
« Nous n'hésitons pas à reconnaître qu'elle serait
« un malheur pour l'État. Sous peine de déchoir,
« la France ne pouvait rester étrangère au mouve-
« ment qui entraînait autour d'elle toutes les
« nations de l'Europe. » Si M. Magne admettait
ainsi que le système suivi était le meilleur en
lui-même il n'hésitait d'ailleurs pas à reconnaître
qu'il fallait éviter de le pousser jusqu'à l'exagération pour ne pas risquer de compromettre
par des excès les services que l'application de
ce système avait rendus.

La Chambre des pairs adopta pour ainsi dire
sans débat le projet de loi des dépenses et celui
des recettes sur les rapports favorables du comte
Beugnot et du marquis d'Audiffret.

Le budget de 1847 fut ainsi fixé :

Dépenses :

Justice et cultes.	65,494,445
Affaires étrangères. . . .	8,854,422
À reporter. . .	74,348,867

Report. . . .	74,348,867
Instruction publique. . . .	17,938,983
Intérieur.	113,196,413
Agriculture et commerce. .	14,281,490
Travaux publics.	62,418,900
Guerre.	301,816,770
Marine.	118,166,819
Finances.	636,337,511
Total.	1,338,505,753
Travaux régis par la loi du 25 juin 1841.	21,301,500
Travaux régis par la loi du 11 juin 1842.	98,916,000
Total général des dépenses. .	1,458,723,253
Total général des recettes. .	1,357,343,325
Excédant des dépenses. . .	101,379,928

La Chambre était arrivée au terme de son mandat. Elle fut dissoute par une ordonnance royale du 6 juillet qui convoquait les collèges électoraux pour le 1er et le 8 août. Au cours de sa législature, la Chambre élue en 1842 avait, sous l'intelligente direction du cabinet du 29 octobre 1840, accompli une somme de travail considérable, notamment en poursuivant avec ardeur l'œuvre des grands travaux publics. Par l'honorabilité des membres qui la composaient, par leur constant souci de la chose publique, enfin par la dignité de ses délibérations, cette assemblée avait jeté comme un dernier éclat sur le régime parlementaire, bientôt appelé à disparaître.

CHAPITRE XIX

En ouvrant la session le 11 janvier 1847, après s'être félicité du récent mariage de son fils, le duc de Montpensier avec l'infante Louise Ferdinande d'Espagne, le roi Louis-Philippe déclarait à la Chambre nouvellement élue que son premier vœu était de voir cette Assemblée prêter au gouvernement tout son concours pour soulager les souffrances, résultant des inondations et de la disette, qui pesaient sur une partie de la population. Constatant néanmoins que ces fléaux n'avaient pas altéré le progrès continu du revenu public, le souverain émettait l'espoir que les grands travaux seraient conduits à leur terme avec la persévérance que commandaient les intérêts du pays et la réserve qui convenait au maintien du crédit. A ces dernières paroles les députés répondirent dans leur adresse que, quelle que fût leur confiance dans les puissantes ressources de la France, la nécessité de rétablir l'équilibre entre les recettes et les dépenses leur imposait le devoir d'apporter dans l'examen des lois de finances la plus attentive économie. « Nous veillerons surtout, y était-il dit, à ne laisser s'introduire aucune dépense nouvelle, dont l'urgence ne serait pas complètement justifiée. » Les lourdes charges qui allaient peser sur l'exercice 1847 devaient rendre difficile la mise en pratique de cette sage détermination.

L'infériorité de la récolte de 1845 avait épuisé les excédants considérables légués par les années précédentes et le prix moyen régulateur du froment, déterminant la quotité du droit d'entrée et de sortie des céréales, qui ne dépassait pas 17 fr. 69 au 1er juillet 1845, s'était élevé au 30 juin 1846 à 22 fr. 19, malgré une importation en grains et en farines de 3 millions d'hectolitres. A la suite de la récolte de 1846, également inférieure à celle d'une année commune, le prix moyen régulateur avait atteint 27 fr. 90[1] en janvier 1847.

Ce mouvement ascensionnel des cours avait produit l'abaissement progressif et rapide du tarif des droits d'importation sur les grains étrangers. Au 1er décembre 1846 ce droit se trouvait réduit au minimum dans toutes les sections et la surtaxe de pavillon ne subsistait plus que dans une seule[2]. Depuis le 1er juillet précédent il était entré en froment, farine, seigle et orge, plus de 2 millions d'hectolitres.

Notre législation sur les céréales avait été combinée pour satisfaire, par son échelle mobile,

1. En 1830, les prix avaient dépassé 28 francs. En 1813 et en 1817, ils avaient dépassé 30 francs.

2. Le territoire de la France était divisé en 4 sections. La surtaxe de 1 fr. 25 par hectolitre sur les grains et farines arrivant par navires étrangers cessait d'être perçue quand le prix moyen du froment s'élevait à plus de 28 fr. dans la 1re section, 26 fr. dans la 2e, 24 fr. dans la 3e et 22 fr. dans la 4e.

aux besoins de la consommation, tout en donnant protection à l'agriculture, que M. Cunin-
Gridaine appelait avec raison la première industrie de l'État. L'élévation des prix à l'intérieur,
constatée par un tableau régulateur publié chaque
mois, déterminait un abaissement des droits
d'entrée qui, dans les circonstances habituelles,
rétablissait immédiatement l'équilibre. Mais en
1847, l'insuffisance de la récolte se faisait également sentir dans les états voisins et obligeait à
chercher au loin le complément nécessaire à la
consommation. L'intervalle d'un mois ne suffisait pas pour garantir des entreprises dont le
terme risquait de se prolonger.

Pour donner au commerce les garanties nécessaires sans altérer le principe même de la
loi, le ministre de l'agriculture avait déposé, dès
le début de la session, un projet de loi portant
que jusqu'au 31 juillet 1847 les grains et farines importés, soit par terre, soit par navires
français et étrangers, ne seraient soumis qu'au
minimum des droits déterminés par la loi du 15
avril 1832[1] et exemptant des droits de tonnage
jusqu'à la même époque les navires de tous pa-

----

1. Ce mininum était de 0 fr. 25 par hectolitre.

villons arrivant dans les ports du royaume avec
des chargements de grains et de farines.

En adoptant ces propositions, la Chambre des
députés les étendit à divers autres produits tels
que riz, légumes secs et fécules. Elle décida en
outre, à la demande du ministre des finances,
M. Lacave-Laplagne, que pendant la même période
tout bateau chargé de ces denrées circulant sur
les rivières et les canaux non concédés serait affranchi des droits de navigation perçus au profit
de l'État. Dans le décompte annuel du produit
net à fournir aux compagnies concessionnaires
des canaux soumissionnés, il devait être fait état
des sommes qui auraient été perçues si cette
exemption n'avait pas été accordée.

La loi fut votée par les Pairs à l'unanimité.
Son application devait avoir pour effet d'amener dans les principaux ports du royaume un
grand nombre de bâtiments étrangers chargés de
grains et de farines. Mais comme il était à craindre que nos navires de commerce, occupés pour
la plupart à chercher hors de France des sub-
stances alimentaires, ne pussent suffire à en assurer la répartition entre les ports secondaires, il
y avait lieu d'apporter une modification temporaire au régime du cabotage, en principe exclusivement réservé à notre marine marchande. Le

gouvernement proposait donc d'autoriser jusqu'au 31 juillet suivant les bâtiments étrangers à
concourir au transport par cabotage de la Méditerranée dans l'Océan et vice-versa des grains,
farines, riz, etc., sous la réserve que leurs chargements seraient exclusivement composés de ces
denrées.

La commission de la Chambre des députés
chargée de l'examen du projet avait été frappée
de ce fait, que les souffrances occasionnées par
la rareté des subsistances étaient particulièrement
vives dans les départements de l'est, à cause de
la cherté des transports en voiture et par eau.
Afin de remédier à l'inconvénient résultant de ce
que la compagnie de navigation à vapeur sur le
Rhône n'avait fait subir à ses tarifs aucun abaissement le rapporteur, M. Clapier, réclama pour
les bateaux étrangers chargés de céréales l'autorisation de circuler en exemption de droits sur
les fleuves et les rivières de France.

Ces diverses propositions furent successivement
adoptées par les deux Chambres, mais la date du
31 juillet, à laquelle cette loi et celle qui était
relative à l'importation des céréales devaient
cesser d'être appliquées, ne parut pas dans la
suite un terme suffisamment éloigné. Le gouvernement obtint du Parlement dès le com-

mencement de mai, leur prorogation jusqu'au
31 janvier.

En prévision des vents contraires qui risquaient
d'arrêter dans leur route les navires chargés de
grains, il fut décidé que le département de la
marine établirait au passage des Dardanelles, à la
sortie du détroit de Gibraltar et à l'entrée de la
Manche des stations de bateaux à vapeur destinés à donner la remorque aux voiliers. L'amiral de Mackau pouvait fournir trois vaisseaux au
moyen des ressources prévues au buget de 1847.
Pour porter à six le nombre des bâtiments affectés à ce service le Parlement dut allouer un supplément de crédit de 1,037,386 fr. destiné à l'armement de trois frégates.

Les pouvoirs publics ne négligeaient ainsi
aucune mesure en vue d'assurer la prompte
arrivée de subsistances. Le gouvernement avait
fait également, dans les derniers mois de 1846,
en l'absence des Chambres, de louables efforts
pour combattre la misère et occuper les classes
ouvrières. Le département des travaux publics
avait affecté des crédits extraordinaires à l'entretien des routes. Celui de l'intérieur avait obtenu,
par trois ordonnances du 18 décembre, 200,000
fr. pour secours individuels, 1 million pour secours aux hospices et institutions de bienfaisance

et 4 millions pour subventions à des travaux
d'utilité communale. Enfin diverses lois [1] votées
au cours de la session de 1847 vinrent compléter
cette œuvre en allouant 4 millions de secours
aux hospices et 4 millions de subventions à des
travaux communaux.

Il importait de faciliter l'écoulement des grains
entreposés à Marseille. En conséquence le ministre des travaux publics avait autorisé le roulage
à marcher pendant l'hiver avec le poids accordé
pour la saison d'été. Cette augmentation de trafic,
qui avait gravement détérioré les routes royales
traversant le département des Bouches-du-Rhône,
motivait la demande d'un crédit de 300,000 fr.
nécessaire à la mise en état de leurs chaussées.
Mais comme la circulation s'était répartie sur diverses autres voies, M. Dumon réclamait également 120,000 fr. pour la restauration des routes
départementales. Les deux crédits furent accordés par les Chambres. Néanmoins il fut stipulé
que cette dernière somme n'était destinée qu'à
concourir avec les fonds du département à la
réfection des routes départementales. En effet, on
ne devait pas arguer de ce que ces voies avaient
momentanément présenté, par la nature de leurs

1. Lois des 24 février, 13 mars et 2 avril 1847.

services, le caractère de route royale, pour mettre leur entretien à la charge de l'État.

Dans les circonstances critiques que la France traversait le ministre de la guerre s'était préoccupé de la situation précaire à laquelle se trouvait réduite la gendarmerie dont le dévouement avait été, pour le maintien de l'ordre public, d'un si précieux secours. La solde du gendarme, rigoureusement calculée sur les besoins d'un célibataire, s'élevait, déduction faite des retenues, à 1 fr. 58 pour l'arme à cheval et à 1 fr. 39 pour l'arme à pied [1]. Il en résultait, faisait observer le général de Saint-Yon, que les hommes mariés et pères de famille, placés en tout temps dans une situation nécessiteuse, se trouvaient en 1847 pour ainsi dire aux prises avec la famine. Afin de leur venir en aide, le ministre demandait l'ouverture d'un crédit de 500,000 fr. qui lui fut accordé sans débat. Toutefois à la Chambre des pairs, le général Gourgaud, rapporteur du projet de loi, tint à exprimer le vœu que le gouvernement ne fût plus dans la nécessité de solliciter des secours pour des militaires en activité de service.

Au point de vue des bases de la solde, les

---

1. La solde du gendarme est actuellement par jour :
Pour l'arme à cheval de. . .   3 fr. 23
Pour l'arme à pied de. . . .   2   81

agents inférieurs des douanes se trouvaient dans des conditions plus défavorables encore que la gendarmerie. Un crédit de 500,000 fr. permit au ministre des finances de subvenir à leurs besoins.

Malgré les sages mesures prises pour atténuer le renchérissement des subsistances, des désordres avaient éclaté sur plusieurs points du royaume et le gouvernement eut à réclamer du Parlement les ressources nécessaires pour entretenir, tant en nouvelles brigades de gendarmerie qu'en soldats d'infanterie, un supplément d'effectif permettant de faire face aux exigences d'une situation qui risquait de s'aggraver en se prolongeant. Le projet que présenta dans ce but le général de Saint-Yon comportait l'ouverture d'un crédit de 4,501,384 fr., somme sur laquelle 3,581,596 fr. étaient destinés à l'appel et à l'entretien de 10,000 soldats pendant les dix derniers mois de 1847, et 919,788 fr. à l'organisation et à l'entretien de 191 brigades de gendarmerie [1] pendant les huit derniers mois de cette même année.

La commission, par l'organe du colonel de Chabaud-Latour, donna une adhésion unanime à

1. Dont 132 brigades à cheval et 59 brigades à pied, formant un effectif de 1,000 gendarmes.

cette proposition. Elle fut néanmoins combattue
à la Chambre par M. Nicolas, député de la Drôme,
qui objecta que la garde nationale, employée concurremment avec l'armée, devait fournir une force
suffisante pour assurer la sécurité. Ce député
considérait comme un outrage à la résignation
du peuple cette mesure privant, disait-il, dix mille
familles des bras sur lesquels elles comptaient
pour réparer leurs pertes. Le ministre de l'intérieur, M. Duchâtel, déclara que le gouvernement
était disposé à faire appel au concours de la garde
nationale ; mais l'accroissement d'effectif essentiellement temporaire qu'il réclamait était, suivant
lui, indispensable pour garantir la liberté du
commerce et celle de la circulation des grains.
Le crédit fut voté dans chaque Chambre à la
presque unanimité.

Aux charges nombreuses dont la disette gre-
vait les finances de l'État allaient s'ajouter celles que rendait nécessaires la réparation des
dommages causés par les inondations qui, sur
plusieurs points, étaient venues désoler le pays
dans les derniers mois de 1846. La vallée de la
Loire avait particulièrement souffert. Le fleuve,
grossi par ses affluents supérieurs, avait dépassé
le niveau des crues qui avait été jusqu'alors considéré comme la limite extrême de ses eaux. Pour

parer aux premiers besoins, plusieurs ordonnances royales avaient ouvert des crédits extraordinaires montant ensemble au chiffre de 5,500,000
fr., à l'aide desquels des brèches étaient déjà
fermées, sur toute leur longueur, par des travaux qui néanmoins ne pouvaient être que provi-
soires. Rappelant que, sur une grande partie de
son parcours, la Loire est bordée par des levées
formant dans les départements les plus rappro-
chés de la mer un système presque continu et
servant de routes, le ministre des travaux publics, se fondant sur ce qu'une digue n'a pas à
redouter l'effet des eaux si elle est vraiment
insubmersible [1], demandait l'autorisation d'exécuter, sur les bords de ces levées, des banquettes
en terre dépassant en hauteur de $0^m 50$ le niveau
de la crue. En même temps que seraient entrepris ces travaux, évalués à près de 2 millions,
l'administration devait poursuivre des études
permettant d'arrêter les dispositions définitives
à prendre et à soumettre ultérieurement à l'approbation des Chambres.

Le gouvernement réclamait une allocation de
9 millions, que la commission réduisit d'une

1. Un simple bourrelet de terre, construit au moment même du
danger, avait préservé d'une ruine imminente des digues situées
dans la partie inférieure du fleuve.

somme de 100,000 fr. destinée à certains travaux à effectuer au port de Moulins, travaux qui
présentaient le caractère plutôt d'un perfectionnement que d'une réfection. Sur le crédit ainsi fixé
à 8,900,000 francs, 5,600,000 fr. furent affectés
à la réparation des dommages causés aux digues,
levées et voies navigables comprises dans le
bassin de la Loire ; 1,800,000 fr. à la construction d'une banquette en aval de Briare ; 1,500,000
fr. à la mise en état des routes royales et départementales atteintes par le débordement des
eaux. Il fut toutefois stipulé que les subventions ainsi accordées aux départements, pour les
travaux qui devaient être à leur charge, ne
pourraient excéder les deux tiers de la dépense.

L'augmentation du prix des subsistances ainsi
que les ravages des inondations avaient occasionné depuis le 1er janvier 1847 des retraits
considérables de fonds placés au Trésor, soit par
la caisse des dépôts et consignations que la loi
du 31 mars 1837 avait chargée de l'administration des fonds appartenant aux caisses d'épar-
gnes, soit par les communes et les établissements publics. Grâce à la faculté qui lui avait été
concédée par la loi de finances de 1846 de créer,
pour le service de la trésorerie et les négociations
avec la Banque de France, des bons royaux jusqu'à

concurrence d'une somme de 210 millions,
le ministre des finances avait pu parer à toutes
les éventualités du retrait, mais il en résultait
que, dès le mois de mai, la circulation de ces
bons s'élevait à 180 millions, ayant ainsi atteint
à 30 millions près la limite fixée. En conséquence le ministre se vit dans l'obligation de
demander au Parlement l'autorisation de porter,
pendant 1847, la circulation des bons royaux
jusqu'à concurrence de 275 millions, maximum
proposé d'autre part au projet de budget pour
1848. Sur le rapport favorable de M. Vuitry à
la Chambre des députés et du marquis d'Audiffret à la Chambre des pairs, cette proposition
fut adoptée sans débats.

Une mesure bien autrement importante au
point de vue du développement des transactions
commerciales fut l'abaissement des coupures de
la Banque de France, dont la loi du 24 germinal
an XI avait fixé les moindres à 500 francs. Comme
par cette même loi les banques départementales
s'étaient vues autorisées à émettre des billets de
250 fr., un décret du 18 mai 1808, reproduit par
l'ordonnance du 25 mars 1841, avait étendu cette
faculté aux comptoirs provinciaux de la Banque
de France, faculté que réclamait également pour
l'établissement central le conseil général de cette

société. L'émission des billets de 250 fr. n'ayant
pas expulsé le numéraire des départements, il
n'y avait pas à craindre qu'elle le fît davantage
sortir de Paris où ces coupures avaient d'ailleurs
une existence de fait puisqu'elles étaient acquit-
tées par les caisses de la Banque.

La commission chargée de l'examen du projet
présenté par le ministre des finances, M. Lacave-Laplagne, chargea de son rapport M. Benoist. Se ralliant à la pensée du gouvernement
et allant même au delà de la proposition qui lui
était soumise, elle préféra au billet de 250 fr.
un billet de 200 fr. qui rentrait mieux dans les
formes décimales de notre monnaie. Néanmoins dans le sein de cette commission
plusieurs députés, s'appuyant sur une demande
formulée par la chambre de commerce de Paris,
avaient réclamé l'abaissement des coupures
jusqu'à 100 fr., mesure que la majorité avait repoussée en présence de l'opposition apportée à
son adoption par le ministre et par le gouverneur
de la Banque qui, tout en reconnaissant que le
billet de 100 fr. serait d'un emploi commode,
appréhendaient les dangers résultant d'une circulation exagérée. D'autre part certains esprits re-
doutaient qu'en faisant ainsi descendre les billets
de banque dans une classe moins aisée que celle

qui avait alors coutume d'en user, la moindre in-
quiétude n'amenât en foule leurs porteurs au
remboursement.

Le projet ainsi amendé donnait également la
faculté aux banques départementales, déjà autorisées à emettre des coupures de 250 fr., de les
abaisser à la limite de 200 francs. En même temps
la commission estimait que le moment était venu
de faire jouir la généralité du pays des avantages
réservés aux grandes villes en réalisant dans
son entier, par la création de nombreux comptoirs, le plan originaire de l'institution de la Banque et en faisant rentrer les banques locales
dans le système général de crédit, soit par une
combinaison de services communs, soit par une
incorporation à la Banque de France.

Au cours de la discussion, M. Benoit Fould réclama avec instance la création du billet de 100 fr.
qu'il considérait comme nécessaire pour compléter le signe représentatif des besoins du commerce en France et particulièrement en province.
Deux amendements présentés dans ce sens par
MM. Léon Faucher et Lestiboudois furent rejetés
et la Chambre vota, par 243 voix contre 17, la loi
que les pairs adoptèrent sur le rapport du marquis
d'Audiffret et sur les vives insistances du gouverneur de la Banque, M. d'Argout,

Il n'était pas moins nécessaire aux besoins
extérieurs de notre commerce d'assurer définitivement les relations de la France avec l'Amérique. Nous avons vu que la loi du 16 juillet 1840[1],
en créant des lignes de paquebots reliant Le Havre,
Bordeaux, Marseille, et Saint-Nazaire à New-
York, aux Antilles et à Rio-Janeiro, avait stipulé
que la ligne du Havre à New-York serait concédée
dans un délai de six mois à une compagnie
moyennant une subvention annuelle dont le minimum avait été fixé à 800 fr. par force de cheval.
Mais, comme le courant de ce trafic s'était antérieurement établi par l'Angleterre, aucun capitaliste ne s'était encore présenté pour soumission-
ner aux conditions du premier projet, lorsque,
vers la fin de 1846, une société vint offrir de se
charger du service moyennant la concession
pendant dix années de quatre paquebots à vapeur
de la force de 450 chevaux, concession rempla-
çant pour elle la subvention allouée par la loi de
1840. En cas de guerre maritime, le traité ces-
sant de plein droit, l'État rentrerait en possession
des navires concédés par lui. Le gouvernement
présenta, dans le courant de février, un projet
de loi portant approbation des clauses et con-

_____

1. Voir t. III, p. 158.

ditions de ce traité qui fut adopté sans débat par le Parlement.

Un second projet, déposé en même temps par M. Lacave-Laplagne, devait pourvoir à l'exploitatation des autres lignes transatlantiques. Ce ministre déclarait que les innovations récemment introduites dans l'art des constructions navales démontraient que la loi du 16 juillet 1840 relative à ces lignes ne pouvait plus être mise à exécution telle qu'elle avait été conçue. Il réclamait par suite l'autorisation de traiter avec une ou plusieurs compagnies pour l'exploitation, tant des lignes principales de Saint-Nazaire, Bordeaux et Marseille à Rio-Janeiro, la Martinique et la Guadeloupe, que des lignes secondaires continuant les premières et dirigées sur la Plata, la Guyane, ainsi que sur divers ports de la mer des Antilles. Ces propositions ne vinrent pas en délibération devant les Chambres, qui après avoir pourvu à tant de besoins impérieux, reprirent le cours accoutumé de leurs travaux. Elles eurent à délibérer, comme aux années précédentes, sur un projet de loi réclamant l'ouverture du crédit nécessaire au payement du semestre de l'emprunt grec.

La commission de la Chambre des députés, qui choisit pour rapporteur M. de Goulard, tout

en proposant d'accorder la somme de 527,241 fr.
demandée par le ministre des finances pour le
payement du semestre échu le 1ᵉʳ mars 1847,
crut devoir apporter une modification dans la
rédaction du projet, modification qui reçut l'approbation du Parlement. A l'indication inexacte
qui imputait les avances à faire par la France
sur les fonds du budget, elle avait, d'accord avec
le gouvernement, substitué une formule nouvelle
qui, conformément à la vérité des faits, les laissait à la charge de la dette flottante. Au 1ᵉʳ mars
1847 il restait à émettre 2,539,388 fr. sur la
portion de cet emprunt afférente à la France,
dont les avances s'élevaient à 7,158,599 francs.
Les crédits accordés jusqu'à cette même date
atteignaient le chiffre de 7,174,259 francs. La différence de 15,660 fr. existant entre ces deux dernières sommes provenait des frais de commission
dus aux banquiers de l'emprunt, commission que
la Grèce avait prise directement à sa charge à partir de 1846 [1].

Le projet de règlement définitif du budget de

---

1. Les avances des puissances garanties se répartissaient ainsi :

France..	7,158,598 fr.	69
Angleterre.	5,023,114	02
Russie..	5,102.550	54
Total. . . .	17,284,293 fr.	25

1844, déjà déposé l'année précédente par le ministre des finances, avait été de nouveau présenté par lui dès le début de la session. Pour se
conformer aux règles de notre législation financière prescrivant que l'adoption de la loi des
comptes d'un budget parvenu au terme de clôture
devait se rapprocher du vote du projet d'après
lequel la Chambre était appelée à consentir un
budget nouveau, il aurait fallu que les comptes de
1844 eussent été discutés dans le courant de 1846.
Cet usage était depuis plusieurs années tombé
en désuétude. Aussi le rapporteur M. Lacoudrais,
député du Morbihan, tout en concluant à l'adoption, fut-il chargé par la commission d'insister
sur la nécessité de revenir sans retard à ces sai-
nes pratiques.

« Là où ce règlement, ajoutait-il, tombe dans
« le domaine habituel de l'arriéré, puis inévita-
« blement en une sorte de désuétude, il ne sau-
« rait y avoir à vrai dire de budget dans l'accep-
« tion sérieuse et parlementaire, mais seulement
« des programmes succédant à d'autres pro-
« grammes. »

Les payements effectués sur l'exercice 1844
s'élevaient à 1,405,536,062 fr., les recettes à
1,378,462,167 fr., soit un excédant de payements
de 27,073,895 francs. En y ajoutant l'excédant de

dépenses du service colonial 16,298,530 fr., sauf règlement définitif de ce service dans la loi des comptes de 1845, on obtenait un total de 43,372,425 fr. [1], chiffre auquel les Chambres fixèrent définitivement le budget de 1844.

Le projet relatif aux crédits supplémentaires et extraordinaires des exercices 1846 et 1847 avait été déposé dans la séance du 12 janvier par le ministre des finances. Pour 1846, les premiers s'élevaient à 33,744,895 fr., les seconds à 22,563,980 fr., formant un total de 56,308,875 fr. que des annulations et des reports ramenaient à 47,949,796 francs. En déduisant de ce chiffre une somme de 4,047,587 fr. qui figurait parmi les nouvelles allocations et que balançaient des remises de crédits correspondantes sur les exercices précédents, l'augmentation réelle des dépenses se présentait encore avec un excédant de 43,902,209 francs. Pour 1847, M. Lacave-Laplagne réclamait 1,756,671 fr. de crédits supplémentaires et 20,575,808 fr. de crédits extraor-

---

1. Ce total se répartissait ainsi :

Service ordinaire. . . .	181,530 fr. 77
Grandes lignes de chemins de fer.	43,190,895 22
	43,372,425 fr. 99

dinaires, soit un total de 22,332,479 francs.
En outre, proposant sur les exercices 1845 et
1846 et sur les crédits ouverts pour les travaux
extraordinaires aux ministères des travaux publics, de la guerre et de la marine, l'annulation
d'une somme de 92,107,688 fr., il demandait
d'allouer aux mêmes départements et pour les
mêmes services 114,104,910 fr. sur les exercices
1846 et 1847. Il en résultait une augmentation de
21,997,242 fr. portant à 100 millions l'ensemble
des propositions soumises par le gouvernement
à l'approbation de la Chambre.

M. Benoit Fould s'éleva avec énergie contre
un tel accroissement des demandes de crédits
supplémentaires, accroissement qui, devenant
chaque année plus considérable, rendait inutiles
les efforts tentés pour équilibrer le budget. La
Chambre, adoptant les propositions du rapporteur de sa commission, le colonel Allard, fixa à
32,630,881 fr. les crédits supplémentaires et à
20,338,665 fr. les crédits extraordinaires de 1846,
tout en opérant pour 2,908,199 fr. d'annulations
et pour 3,450,880 fr. de reports sur les crédits
ouverts par la loi de finances de 1845. L'exercice 1847 fut doté en crédits supplémentaires de
1,675,921 francs et en crédits extraordinaires de
20,528,400 francs. Il fut en outre alloué 348,814 fr.

de crédits extraordinaires spéciaux pour le payement des créances des exercices périmés. Les
crédits dont avaient été dotés les travaux extraordinaires furent réduits, sur les exercices 1845 et
1846, de 92,107,688 fr., conformément aux propositions du gouvernement. En même temps il
fut ouvert pour ces mêmes travaux un crédit de
114,104,910 fr. sur les exercices 1846 et 1847
et 842,043 fr. furent accordés en augmentation
des restes à payer des exercices 1842, 1843 et
1844. Enfin 527,240 fr. étaient destinés au payement du semestre de l'emprunt grec échu le
1er septembre. Ajoutons que bientôt après une loi
additionnelle à la loi précédente allait augmenter
de 370,450 fr. les crédits extraordinaires de
1846 et de 47,950 fr. les crédits supplémentaires
de 1847. La loi complémentaire reportait également à cet exercice une somme de 3,900,000 fr.,
dont 3 millions avaient trait aux travaux de fortification de Paris et affectait 4,998 fr. sur 1847
au payement des exercices périmés. Ce fut au
cours de la discussion des crédits extraordinaires
que, dans la séance du 3 mai, M. Muret de Bort,
questionnant le ministre des travaux publics,
M. Dumon, sur la concession des mines de
Gouhenans, dénonça le premier à la tribune
cette affaire scandaleuse qui devait aboutir à la

condamnation de M. Teste, du général Cubières
et de leurs complices.

En réclamant, dans la séance du 27 février,
l'ouverture de crédits extraordinaires pour
l'Algérie, le ministre de la guerre exposait que
de graves considérations commandaient de maintenir encore au chiffre de 94,000 hommes
nos forces en Afrique et par suite d'y conserver 34,000 hommes et 3,317 chevaux en
sus des prévisions budgétaires. Le général de
Saint-Yon, évaluant à 19,280,286 fr. la dépense
résultant de cette augmentation d'effectif, fixait à
25,317,636 fr. la somme totale qui devait permettre au gouvernement de subvenir en même
temps à diverses autres dépenses non prévues
au budget de 1847, parmi lesquelles il y a lieu
de citer celles qui avaient trait aux services militaires indigènes, à la colonisation, aux travaux
et aux services civils.

Contrairement à ses usages, la Chambre des
députés avait composé de dix-huit membres, au
lieu de neuf, la commission qu'elle avait chargée
de l'examen de ce projet, voulant ainsi manifester
que notre domination en Algérie étant désormais assise et la paix semblant assurée, il y avait
lieu d'examiner avec un soin particulier les
mesures dont ce nouvel état de choses rendait

IV.   12.

l'application nécessaire. Cette commission réduisit à 25,242,636 fr. l'ensemble des crédits, mais,
tout en exprimant le vœu que le gouvernement
diminuât nos forces en Afrique, elle ne crut pas
s'opposer au maintien de l'effectif supplémen-
devoir taire réclamé par lui. « Les peuples à
« demi civilisés, observait le rapporteur, M. de
« Tocqueville, comprennent mal la longanimité
« et l'indulgence. Ils n'entendent bien que la jus-
« tice exacte et rigoureuse. »

L'Algérie était divisée en trois territoires : le
territoire civil, peuplé en majeure partie d'Européens ; le territoire mixte, peuplé d'Européens et
d'Arabes ; le territoire arabe, habité par les seuls
indigènes. La commission estimait que la question
vitale pour notre établissement dans cette colonie était celle des terres et, bien que la capitu-
lution d'Alger, en 1830, eût été rédigée d'après le
principe que les vaincus ne seraient pas dé-
possédés, il ne s'ensuivait pourtant pas, pensait
le rapporteur, qu'il nous fût interdit de nous em-
parer des terres nécessaires à la colonisation
après en avoir indemnisé les possesseurs. Il fallait, suivant M. de Tocqueville, resserrer les indigènes dans leur territoire et non les transporter
ailleurs. « De notre façon de traiter les indigènes,
« ajoutait-il, dépend surtout l'avenir de notre

« domination en Afrique, l'effectif de notre ar-
« mée et le sort de nos finances. »

La question de la colonisation préoccupait
d'autant plus les pouvoirs publics que depuis
plusieurs années on constatait une diminution
sensible dans le nombre des demandes de concession. Le maréchal Bugeaud croyait trouver un
remède à cet état de choses dans l'établissement
de la colonisation militaire. Un projet dans ce
sens fut, sur les instances du duc d'Isly, soumis
à la Chambre par le ministre de la guerre. Ce
projet portait création de camps agricoles comprenant ensemble 1,000 sous-officiers ou soldats
ayant au moins deux ans de présence sous les drapeaux et trois années de service à accomplir.
L'autorisation de se marier devait leur être accordée. Les militaires libérés étaient réservés
pour la colonisation libre qui avait été entreprise
autour des villes situées sur les territoires mixtes.
Le général de Saint-Yon calculait que 3 millions,
à répartir en trois années, étaient nécessaires
pour la fondation de ces camps et sur cette
somme il demandait d'inscrire 1,500,000 fr. pour
1847 au chapitre 32 du budget de son départe-
tement « Colonisation de l'Algérie ».

L'examen de cette question fut confié par la
Chambre à la commission des crédits extraordi-

naires pour l'Algérie qui en repoussa le principe.
Mais, peu de jours après le dépôt du rapport par
lequel M. de Tocqueville concluait au rejet du
crédit demandé, le nouveau ministre de la guerre,
le général Trézel [1], annonçait dans la séance du
11 juin le retrait du projet. En effet, le duc d'Isly
revenu victorieux de l'expédition que, contrairement au vœu de la Chambre, il avait entreprise
dans la Grande-Kabylie, venait de donner sa
démission de gouverneur général et par suite le
cabinet était peu disposé à soutenir dans le Parlement une proposition dont il prévoyait l'échec
et qu'il n'avait d'ailleurs présentée que pour donner satisfaction au maréchal Bugeaud. Toutefois,
en vue de procurer au gouvernement le moyen
d'intervenir d'une manière active dans la colonisation par des encouragements directs et pour
faire participer à ces encouragements les soldats
de notre armée d'Afrique, M. Béhic proposa d'accorder au ministre de la guerre 300,000 fr. pour
l'établissement en Algérie des militaires libérés.
Cet amendement, auquel la commission donna
son adhésion, fut adopté par la Chambre des
députés et devint l'article 2 de la loi des crédits
extraordinaires pour l'Algérie qui fut votée à

1. Voir p. 185.

la presque unanimité par les Pairs, sur le rapport favorable du baron Dupin.

L'industrie des chemins de fer subissait le contre-coup des funestes événements qui avaient marqué les derniers mois de l'année précédente et le gouvernement comprenait tout l'intérêt qu'il y avait à accorder aux compagnies les facilités nécessaires pour leur permettre de traverser cette période critique. Ces sociétés avaient été tenues de déposer, en garantie des obligations qu'elles avaient contractées envers l'État, un cautionnement dont la restitution était autorisée suivant deux modes différents. L'un consistait à rendre à la compagnie son cautionnement par cinquième ou par dixième au fur et à mesure des dépenses faites par elle pour des sommes doubles, sauf toutefois le dernier cinquième ou le dernier dixième qui demeurait retenu jusqu'à la réception définitive des travaux. Suivant l'autre le cautionnement était également remboursé par cinquième ou par dixième, mais seulement à mesure de l'avancement proportionnel des travaux. Le second de ces deux systèmes, plus généralement suivi depuis quelques années, était de beaucoup moins avantageux pour les compagnies. Afin de leur permettre d'imprimer une plus vigoureuse impulsion aux entreprises

qui leur étaient confiées, le ministre des travaux
publics présenta dans le courant de février un
projet de loi qui, sans léser les intérêts du Trésor,
autorisait toutes les compagnies à demander, suivant le premier des deux systèmes, le remboursement de leur cautionnement par dixième au fur
et à mesure qu'elles auraient exécuté des travaux
ou payé des terrains pour une somme double,
c'est-à-dire pour deux dixièmes. Il était d'ailleurs
stipulé que les travaux incorporés au sol du chemin de fer seraient seuls considérés comme
effectués.

Ce projet reçut l'approbation de la commission
qui se borna à y ajouter un paragraphe aux termes
duquel, dans les cas de déchéance prévus par les
cahiers des charges, les terrains dont la valeur
aurait été comptée dans le calcul de la restitution
du cautionnement restaient dévolus à l'État, lors
même que les travaux n'auraient pas été commencés. La loi ainsi votée par les deux Chambres
fut promulguée le 6 juin.

En vue de consolider le cabinet du 29 octobre
1840 par l'éloignement de plusieurs de ses membres, qui ne paraissaient plus jouir de l'absolue
confiance de la Chambre, le roi, sur l'avis de
M. Guizot, se décida au cours de la session de
1847 à se séparer de M. Lacave-Laplagne, du

général de Saint-Yon et de l'amiral de Mackau.
Le général Trézel et le duc de Montebello furent
chargés des portefeuilles de la guerre et de la
marine. M. Dumon prit les finances, abandonnant
ainsi le département des travaux publics qui fut
confié à M. Jayr, pair de France et préfet du département du Rhône [1].

Le nouveau ministre des travaux publics eut
à cœur de poursuivre l'œuvre entreprise par son
prédécesseur et dès la séance du 18 mai, il dépo-
sait sur le bureau de la Chambre un projet de loi
relatif aux chemins de fer de Paris à Lille, de
Marseille à Avignon et d'Orléans à Vierzon.
M. Jayr réclamait 4 millions pour l'achèvement
de la ligne de Belgique dont la loi du 15 juillet
1845 avait autorisé l'adjudication, sous la condition du remboursement par la compagnie des
dépenses que l'État aurait faites, tout en décidant
que les travaux seraient exécutés par les soins de
l'administration. Cette somme de 4 millions, qui
ne constituait ainsi qu'une simple avance, fut
allouée par la Chambre sans débats.

Il n'en fut pas de même du crédit de 5
millions que le ministre proposait d'affecter à la
liquidation des indemnités de terrains sur la ligne

---

1. Ordonnances du 9 mai 1847.

de Marseille à Avignon, indemnités qui, en vertu
de la loi du 24 juillet 1843 par laquelle cette
section avait été concédée, restaient à la charge
de l'État et s'étaient élevées bien au-dessus des
évaluations primitives. M. Jayr pensait d'ailleurs
que, sur ces 5 millions, une somme de 1 million
au moins, employée à acquérir des terrains pour
y opérer des emprunts de terre, retomberait à la
charge de la compagnie concessionnaire lorsque
la fin des opérations permettrait de procéder
à une ventilation exacte et définitive.

La commission, tout en reconnaissant que
l'État s'était engagé à livrer à la compagnie les
terrains nécessaires à l'emplacement du chemin
de fer et de ses dépendances, avait constaté que,
sur 169 hectares acquis en excédant des prévisions, une partie considérable avait été prise en
dehors de l'espace affecté à la voie, dans l'unique
intention de procurer les terres nécessaires à la
confection des remblais. Aussi, en vue de ne pas
affaiblir l'opinion du bon droit de l'administration
au cas où la compagnie aurait recours au conseil
d'État pour résoudre le point litigieux, la commission proposa-t-elle de retrancher du crédit
demandé 1 million, somme égale à celle que le
ministre pensait avoir à réclamer plus tard à la
compagnie concessionnaire.

La Chambre, se ralliant à ces conclusions présentées par M. Pascalis, député du Var, réduisit à
4 millions le crédit de 5 millions que réclamait le
gouvernement. Enfin elle accorda au ministre
des travaux publics les 4,600,000 fr. jugés par
lui indispensables pour l'achèvement des travaux
à la charge de l'État sur le chemin d'Orléans à
Vierzon, déjà doté l'année précédente d'une augmentation de crédits de 3,500,000 francs. La
crue désastreuse de la Loire et des faits impré-
vus étaient venus depuis lors troubler de nouveau
toutes les prévisions des ingénieurs chargés de
la construction.

Votée ensuite à la Chambre des pairs, la loi
concernant les trois lignes fut promulguée le 9
août.

Nous avons déjà vu que depuis quelques années la spéculation s'était rapidement étendue aux
entreprises de chemins de fer et que les capitalistes s'étaient flattés un peu trop vite de pouvoir
pour certaines lignes se passer du concours de
l'État. Toutes les calamités qui venaient de s'a-
battre sur la France, les inondations, la disette,
avaient fait sortir en masse du pays le numéraire
nécessaire à acquérir dans les régions lointaines
les denrées alimentaires. Les appels de fonds
adressés par les compagnies de chemins de fer à

leurs actionnaires restaient sans effet et par suite
plusieurs d'entre elles allaient se trouver dans
l'impossibilité, soit d'entreprendre, soit de continuer les travaux. Leurs cahiers des charges
avaient prévu pour chacun de ces deux cas une
pénalité spéciale : les compagnies dont les travaux n'auraient pas été commencés dans un délai
déterminé devaient encourir la déchéance ; celles
qui au bout d'un certain laps de temps ne les
auraient pas poussés jusqu'à un degré d'avancement déterminé devaient perdre leur cautionnement et abandonner au profit de l'État une
partie des travaux déjà exécutés si une autre
société ne venait prendre aussitôt leur place.

La situation de l'importante compagnie de
Paris à Lyon avait particulièrement frappé l'attention du gouvernement. Comme elle s'était
mise à l'œuvre avec vigueur, elle n'était pas su-
jette à encourir la première déchéance et comme
elle ne pouvait être atteinte par la seconde qu'au
bout de trois années, délai dont la moitié à peine
était écoulé, il lui était loisible, sinon de fermer
ses chantiers, du moins de n'y entretenir pendant
un an et demi qu'une activité presque insigni-
fiante. Néanmoins les administrateurs de cette
société avaient appelé l'attention du ministre des
travaux publics sur le fait que, si sa déchéance

était immédiatement prononcée, elle en serait
quitte pour l'abandon de son cautionnement de
16 millions et d'une somme de 8 millions versés
comme acompte au Trésor à titre de remboursement de la ligne de Dijon à Châlon, soit ensemble 24 millions, tandis que, si continuant les
travaux, elle se trouvait au cours de l'année suivante dans l'obligation de renoncer à son entreprise, les pertes qu'elle aurait à subir s'accroî-
traient de toutes les dépenses nouvelles qu'elle
aurait effectuées. Comme garantie contre une
telle éventualité M. Jayr proposa à la Chambre
de décider que, si la compagnie de Paris à Lyon
ayant maintenu l'activité dans ses ateliers et dépensé avant le 1ᵉʳ mai 1848 une nouvelle somme
de 10 millions renonçait à sa concession antérieurement à cette date, la perte qu'elle aurait
à subir serait limitée à 24 millions et le surplus
des dépenses utiles effectuées par elle lui serait
remboursé par l'administration.

Cette combinaison, dont l'inconvénient était de
substituer l'État à la compagnie, fut repoussée à
l'unanimité par la commission. Écartant également toute intervention de l'État sous forme de
garantie d'intérêts, toute participation pécuniaire
sous forme de don ou de prêt, elle trouvait préférable d'accorder à la compagnie une prolongation

de jouissance, sage mesure qui avait pour avantage, ainsi que le faisait observer le rapporteur M. Béhic, de ménager absolument les intérêts du Trésor.

La discussion à laquelle donna lieu cette proposition aboutit au vote d'une loi aux termes de laquelle la durée de la concession, primitivement fixée à quarante-un ans et quatre-vingt-dix jours, serait prolongée d'un certain nombre d'années, au cas où les dépenses faites par la compagnie excéderaient son capital social fixé à 200 millions. Un article spécial établissait les bases sur lesquelles ce nombre d'années serait déterminé.

La loi du 16 juillet 1845 et le cahier des charges qui y était annexé avaient laissé à l'administration le soin de décider le tracé que suivrait la ligne de Paris à Lyon pour opérer sa jonction avec celle de Lyon à Avignon. Le ministre s'était rallié, sur l'avis du conseil général des ponts et chaussées, à celui des deux tracés qui traversait en entier la ville de Lyon. Cette décision avait été particulièrement attaquée par les administrateurs de la compagnie. Suivant eux, la direction adoptée constituait pour leur société une charge si lourde qu'elle rendait toute conciliation impossible. Il fut par suite décidé que les travaux relatifs à la traversée de la ville seraient exécutés par l'État, conformément à la loi du 11 juin 1842. La loi fut votée peu de jours après à la Chambre des pairs sur le rapport de M. Cordier.

La compagnie de Lyon à Avignon, dont la ligne faisait suite à celle de Paris à Lyon, se trouvait dans une situation non moins pénible. Si elle avait depuis quelque temps déjà commencé les opérations sur le terrain, elle n'avait pas encore ouvert d'ateliers et ne pouvait ainsi être atteinte que par la première déchéance, la perte d'un cautionnement de 10 millions qu'elle était prête à abandonner si l'État ne lui accordait quelques facilités nouvelles. Cette compagnie considérait comme une charge particulièrement lourde l'obligation de construire un embranchement sur Grenoble, embranchement qui lui avait été imposé par la Chambre, et qui, de l'aveu même du ministre des travaux publics, devait coûter fort cher et ne donner que de faibles produits. M. Jayr s'était donc décidé à adopter une stipulation portant que l'exécution de cet embranchement ne serait obligatoire pour cette société qu'autant que, dans les cinq premières années de l'exploitation de la ligne principale, le dividende distribué aux actionnaires dépasserait 7 pour 100 de son capital. Cette convention réservait en même temps au gouvernement le droit de pourvoir, si bon lui semblait, à l'exécution de l'embranchement de Grenoble et cela à toute époque avant l'expiration de ces cinq années. En la présentant à l'approbation de la Chambre, le ministre proposait en outre de limiter à la simple confiscation du cautionnement la pénalité que la compagnie pourrait encourir si elle renonçait à son privilège et de prolonger d'une année le délai fixé pour le terme des travaux, enfin de porter à cinq ans, à partir du jour où il deviendrait obligatoire, le délai relatif à l'exécution de l'embranchement. Par contre la compagnie s'engageait à dépenser avant le 1er juin 1848, en terrassements et en ouvrages d'art, une somme d'au moins 10 millions.

Cette combinaison, à laquelle la commission avait apporté diverses modifications, fut repoussée par la Chambre des députés. Considérant que la déchéance inscrite au cahier des charges pouvait à la rigueur être invoquée contre la compagnie de Lyon à Avignon dont la concession remontait à plus d'un an et qui n'avait pas encore mis la main à l'œuvre, cette assemblée ne voulut pas statuer sur une question qui n'était pas, suivant elle, de la compétence du législateur. La majorité de ses membres préféra donc envisager tout à la fois le cas où la déchéance serait susceptible d'être prononcée et celui où elle ne pourrait pas être encourue par la compagnie. Pour le premier, elle ouvrait au ministre des travaux publics un crédit de 10 millions en vue de faire commencer les travaux par l'administration. Pour le second, elle décidait que si, avant le 1ᵉʳ avril 1848, cette société pouvait justifier d'une dépense de 10 millions, dont la moitié au moins en terrassements et en ouvrages d'art, elle serait admise à renoncer à la concession en ne subissant d'autre pénalité que celle qui lui aurait été infligée à l'expiration de la période de première déchéance et en obtenant du Trésor le remboursement de ses dépenses utiles.

A la Chambre des pairs le comte Daru fit valoir que vraisemblablement, dans la première hypothèse, le crédit de 10 millions accordé au gouvernement pour commencer les travaux ne saurait être dépensé avant l'ouverture de la session suivante et que, dans la seconde, celle où la compagnie ne liquiderait pas, il n'y aurait pas grand intérêt pour elle à employer en terrassements 10 millions dont l'intérêt serait perdu pour ses actionnaires. Il semblait d'ailleurs prématuré à M. Daru d'engager ainsi immédiatement le pays dans une entreprise qui exigeait 150 millions sans savoir quels seraient les besoins et les cir-

constances en 1848. Ces considérations détermi-
nèrent la Chambre des pairs à rejeter la loi,
mais à la faible majorité de 67 voix contre 62.

Les embarras financiers avaient continué à
peser sur les deux compagnies de Paris à Versailles qui n'avaient pu encore opérer leur fusion
et avaient ainsi laissé expirer le délai de six mois
durant lequel la loi du 21 juin 1846 autorisait le
gouvernement à leur concéder la ligne de Rennes.
En vertu de l'article 5 de cette même loi l'administration avait bien la faculté de procéder à
l'adjudication de ce chemin, mais, étant données
les circonstances, cette adjudication n'aurait cer-
tainement pas abouti. Et cependant, si la concession de la ligne entre Chartres et Rennes pouvait
sans inconvénient être ajournée, il n'en était pas
de même de la section comprise entre Versailles
et Chartres, dont les travaux étaient presque
achevés et dont l'ouverture devait être d'un précieux secours pour l'alimentation de Paris.

Le gouvernement avait admis par suite l'offre
faite par les deux compagnies de poser à leurs
frais la voie sur cette section et d'acquérir le
matériel d'exploitation. Toutefois, aux termes de
ce traité, si dans le cours de la session de 1848
il n'était pas statué par une loi nouvelle sur le
sort des lignes de l'Ouest, l'État aurait à rem-

. bourser aux compagnies de Versailles les avances faites par elles avec une bonification de 5 pour 100 l'an. En outre ces deux sociétés devenaient solidairement responsables vis-à-vis de l'État du remboursement du prêt de 5 millions consenti en 1839 à la compagnie de la Rive Gauche. La somme totale formée par le capital et par ses intérêts [1], portant elle-même intérêt à 3 pour 100 devait être remboursée par les compagnies en 60 annuités. Tel était dans son ensemble le projet de loi que le ministre avait soumis à la sanction des députés et qui n'avait subi de la part de la commission que des modifications de détail.

Devant la Chambre, il fut énergiquement combattu par M. Vavin, qui lui reprocha de remettre en question les décisions prises l'année précédente et de ne donner aucune satisfaction aux intérêts publics en souffrance. Le député de la Seine pensait en outre que ses collègues, à cette époque déjà tardive, n'auraient pas le loisir de consacrer tout le temps nécessaire à l'examen du cahier des charges. De concert avec MM. de Jou-

---

1. Cette somme totale devait se composer des 5 millions prêtés en 1839, des intérêts à 4 pour 100 du capital depuis qu'ils avaient commencé à courir jusqu'au jour de la concession, enfin des intérêts à 3 pour 100 sur le capital nouveau jusqu'au moment de l'exploitation du chemin de Versailles à Rennes.

vencel, de Raineville et Remilly, d'accord aussi
avec le ministre et la commission, M. Vavin proposa de substituer au projet un amendement
autorisant le gouvernement à établir la voie de
fer entre Versailles et Chartres, amendement qui
fut voté par la Chambre. Un crédit de 10 millions
était ouvert à cet effet sur les exercices 1847 et
1848, conformément à l'article 18 de la loi du
11 juin 1842.

La commission de la Chambre des pairs, tout
en donnant son adhésion à la loi, aurait voulu
que, à l'autorisation d'établir la voie, fût ajoutée
pour l'administration celle d'acquérir le matériel
roulant. Son rapporteur, le baron de Bussierre,
estimait que le gouvernement se présenterait
ainsi devant les deux compagnies de Versailles
dans une meilleure attitude, qui lui permettrait
au besoin de livrer le chemin de fer et le moyen
de l'exploiter à une compagnie nouvelle. Mais
cette proposition, dont M. Vavin avait eu lui-
même la pensée et dont le ministre lui avait dé-
montré l'inutilité, puisque les 10 millions alloués
suffisaient à peine à poser la voie, fut rejetée par
la haute assemblée qui adopta la loi telle que la
lui avait envoyée la Chambre des députés.

La compagnie concessionnaire de la ligne de
Montereau à Troyes se trouvait également forcée

de recourir à la bienveillance des pouvoirs publics pour échapper aux conséquences des événements qui ralentissaient l'essor des capitaux. N'ayant pu réaliser la totalité de son fonds social, elle se trouvait dans la nécessité, pour continuer son entreprise, d'emprunter une somme de 5 millions. Mais comme la ligne n'était pas encore ouverte à l'exploitation, ce qui rendait la valeur du produit net incertaine, elle ne pouvait guère compter trouver auprès des capitalistes les secours dont elle avait besoin.

Sur le refus du ministre de solliciter en sa faveur du Parlement, soit la garantie d'intérêt pour le capital qu'elle voulait emprunter, soit un prêt du Trésor, cette société se bornait à demander l'assimilation du cas où elle ne satisferait pas aux conditions d'un emprunt et de celui où elle n'accomplirait pas les obligations du contrat passé avec l'État; en sorte que, à défaut par elle de payer les intérêts et l'amortissement de cet emprunt aux époques fixées, les prêteurs pussent, en vertu du droit résultant de la clause du cahier des charges relative à la déchéance, requérir la mise en adjudication de la concession et prélever par privilège sur le produit de la vente jusqu'à concurrence de la somme qu'ils auraient prêtée. Le ministre des travaux publics admettant cette combinaison en avait fait l'objet d'un projet de loi.

La commission à l'examen de laquelle il fut renvoyé choisit pour rapporteur M. A. Calmon, maître des requêtes au conseil d'État, élu député du département du Lot aux récentes élections générales en même temps que son père long-temps vice-président de la Chambre. Il débutait ainsi tout jeune dans la vie parlementaire dont l'empire allait bientôt lui interdire l'accès, pendant dix-huit années qu'il consacra à l'étude des questions financières. Il acquit en cette matière une compétence qui lui valut l'honneur d'être, sous la troisième république, le président de la commission des finances du Sénat et l'a conduit à entreprendre cet ouvrage que nous avons eu le filial devoir de publier. La commission reconnut que les dispositions présentées étaient insuffi-santes pour venir utilement en aide à la com-pagnie. Elle estima qu'il y avait lieu de lui accor-der le concours financier du Trésor, non par une garantie d'intérêt qui eût essentiellement altéré le contrat passé entre l'État et les adjudicataires, mais par un prêt qui laissait intact ce contrat. Toutefois, tenant compte de ce que cette mesure avait d'onéreux pour les finances, la commission limita ledit prêt à 3 millions. En vue de faciliter à la compagnie le moyen de se procurer ailleurs les deux autres millions, elle proposa d'adopter en même temps les dispositions du projet ministériel conférant aux capitalistes, qui deviendraient prêteurs de cette somme, une hypothèque privilégiée sur le chemin. La loi ainsi votée à la Chambre des députés fut bientôt après adoptée par les pairs, sur le rapport du duc de Fezensac.

Les embranchements de la ligne de Rouen au Havre vers Dieppe et vers Fécamp avec prolongement sur Bolbec avaient été concédés, en vertu d'une loi du 19 juillet 1845, à une compagnie dont les actionnaires ne répondaient plus aux appels de fonds qui leur étaient adressés. Elle se trouvait ainsi réduite à solliciter du gouvernement soit un concours financier, soit une dispense de certaines obligations et l'augmentation du délai stipulé pour l'exécution des travaux. Les Chambres prorogèrent de dix-huit mois le délai de trois années fixé pour l'achèvement complet de cet embranchement. Elles autorisèrent la compagnie à n'établir celui de Fécamp que pour une seule voie et à le terminer au point de raccordement avec la ligne de Rouen au Havre sans le prolonger vers Bolbec.

Le ralentissement que subissait ainsi dans son essor l'industrie des chemins de fer ne pouvait

être que momentané et ne dispensait pas le gouvernement et les Chambres de se préoccuper de
l'état où se trouvait réduite une institution qui
avait longtemps rendu au pays de précieux services et qu'atteignait déjà gravement sur certains
points l'établissement des voies ferrées. Les relais
de poste, fondés, dit-on, par l'université au xiv°
siècle puis organisés par le roi Louis XI, jouis-
saient avant la Révolution de nombreux privilè-
ges. Une loi des 23 et 24 juillet 1793 fixa définitivement la situation des maîtres de poste. Elle
leur attribua le monopole du transport des malles
et des messageries, fixa le prix de course de
leurs chevaux et régla les indemnités auxquelles
ils pouvaient prétendre dans certains cas déterminés. Leur charge, tout en revêtant ainsi le caractère d'un office transmissible avec l'agrément
de l'administration, n'était pas cependant susceptible d'être considérée comme une propriété,
d'autant moins que le conseil d'État, à diverses re-
prises, avait reconnu au gouvernement la faculté
de supprimer sans indemnité certains relais inutiles. Il y avait lieu toutefois d'examiner si les compagnies adjudicataires de chemins de fer établis
parallèlement aux routes de poste ne devaient pas
aux possesseurs de relais l'indemnité de 0 fr. 25
que devaient leur payer, aux termes de la loi du

15 ventôse an XIII, les entrepreneurs de voitures publiques et de messageries qui n'utiliseraient pas les chevaux de poste. Mais cette question se trouvait tranchée par le fait que, depuis 1805, ni les bateaux à vapeur, ni les coches sur les canaux, ni même les voitures d'eau traînées à grande vitesse par chevaux ne payaient aucun droit aux maîtres de poste, malgré la concurrence redoutable qui résultait pour eux de ces divers moyens de locomotion. Néanmoins en 1843 et en 1844 le gouvernement avait demandé à la Chambre l'autorisation de leur accorder quelques légères subventions. Cette proposition avait été rejetée comme prématurée. Depuis lors l'ouverture de plusieurs lignes ayant permis de placer sur les trains les malles et les diligences, la situation des relais établis sur les routes parallèles aux voies ferrées pouvait être jugée en pleine connaissance de cause.

En présentant à la Chambre des députés un projet relatif aux relais de poste, le ministre des finances demandait de conserver sur ces routes, dans l'intérêt public et pour le cas où le besoin s'en ferait sentir, les relais nécessaires au fonctionnement de cet ancien mode de transport, tout en réduisant le nombre des chevaux et en ne maintenant le service que sur une seule ligne lorsque plusieurs routes reliaient entre elles deux

mêmes localités. Classant par relais les chevaux
de poste en deux catégories, les chevaux exigés
et les chevaux présents, le ministre, en prenant
pour base le nombre de cinq chevaux et de un
postillon présents, proposait d'accorder aux maîtres de poste une subvention annuelle de
1,000 fr. par cheval et de 900 fr. par postillon.
La somme totale que représentait l'allocation de
cette subvention à tous les titulaires de relais si-
tués sur les routes parallèles aux chemins de fer
pouvait être abaissée à 400,000 fr., étant donné
que certains relais placés à des embranchements
de route réalisaient ainsi des recettes importantes. Envisageant ensuite la situation présente
de ceux que les chemins de fer allaient bientôt
atteindre, le ministre faisait observer que sur
plusieurs points de faible trafic les relais subsistaient seulement par l'adjonction d'une exploitation agricole. Pour la location des terres à leur
convenance, les maîtres de poste avaient à payer
le plus souvent un prix fort élevé et beaucoup
d'entre eux, ne pouvant procéder en toute sécurité au renouvellement des baux relatifs à ces
terres, étaient disposés à abandonner en même
temps leur entreprise. Si cette éventualité se réa-
lisait, le gouvernement, pour assurer le transport des malles, se trouvait dans la nécessité

d'organiser un service de relayeurs semblable à celui qu'employaient les grandes administrations de diligences, service dont la dépense devait atteindre pour vingt-trois routes dont les relais étaient compromis par l'établissement des voies ferrées, 574,000 fr. que le ministre abaissait à 350,000 fr., pensant que tous les relais ne feraient pas défaut à la fois.

La commission de la Chambre des députés fut unanime à adopter la seconde partie des propositions du gouvernement et unanime aussi à repousser la première. Elle avait considéré, disait son rapporteur, le vicomte Prosper de Chasseloup-Laubat, que sur les routes parallèles aux voies ferrées l'organisation des relais à cinq chevaux et un postillon présents devait être inutile jusqu'au jour où elle serait insuffisante. Elle estimait en outre que les chemins de fer ne faisaient en général que déplacer les autres modes de transport et que sur bien des points les maîtres de poste rentreraient, comme correspondants des compagnies, en possession de la part de trafic à laquelle ils pouvaient prétendre.

Se ralliant à cette opinion, la Chambre des députés et après elle la Chambre des pairs accordèrent au ministre des finances un crédit de 175,000 francs sur l'exercice 1847 et de

350,000 francs sur l'exercice de 1848 pour subvenir aux dépenses que pourrait exiger le maintien des communications en poste sur les routes
parallèles aux chemins de fer en construction.

Au cours de cette session le Parlement alloua
par diverses lois, au moyen des ressources accordées par la loi de finances de 1846, les crédits
suivants :

Complément des dépenses secrètes de l'exercice 1847.	1,000,000
Inscription de pensions militaires.	450,000
Construction, travaux et acquisitions dans l'intérêt de divers établissements universitaires.. . . .	208,275
Acquisition de la propriété de Chante-Grillet, près de Saint-Etienne, pour y installer l'école des mineurs [1].	280,700
Acquisition de diverses collections scientifiques [2].	162,100
Travaux à l'École polytechnique et au Palais de la Chambre des députés [3].	179,000
Soit au total.	2,280,075

1. La même loi ouvrait sur l'exercice 1848 un crédit de 46,700
francs.

2. Au moyen des ressources accordées par la loi des finances du
3 juillet 1846 (Loi des recettes).

3. La même loi ouvrait sur l'exercice 1848 un crédit de 88,000
francs.

Le Parlement affecta également 160.000 fr. à
la création d'un hôpital militaire thermal à Vichy
et 225,298 fr. à l'achèvement des bâtiments de
la cour royale de Rouen, dépenses auxquelles il dut
être pourvu conformément à la loi du 11 juin 1842.
Il opéra le report à l'exercice 1847 d'une somme
de 150,000 fr. représentant la portion non employée au 31 décembre 1846 de l'allocation de
300,000 fr. ouverte en 1845 sur l'exercice 1846
pour les dépenses relatives à la station navale des
côtes d'Afrique. Enfin il accorda à titre de ré-
compense nationale une pension de 12,000
francs à la veuve de l'amiral baron Duperré,
pension payable moitié par la caisse des invalides de la marine, moitié par le Trésor.

Le projet de budget pour l'exercice 1848 avait
été déposé par M. Lacave-Laplagne dès le 12
janvier. Dans son exposé des motifs, le ministre
constatait avec satisfaction que l'accroissement
graduel de la richesse nationale était si solide-
ment assis que ni le renchérissement des subsistances, ni les désastres résultant des inondations
n'en avaient ralenti l'essor pendant l'année 1846
qui était au niveau de ses devancières les plus
productives. Il convenait toutefois de ne pas
juger la situation financière d'après la seule
marche du revenu. Il y avait lieu de se rendre

également compte de l'état du crédit, sérieusement affecté par les fléaux qui venaient de frapper
le pays et par les difficultés qu'avait créées aux
compagnies de chemins de fer la fièvre de la
spéculation. A cet égard on était en droit d'espérer que grâce à de sages mesures, ayant pour
effet d'échelonner les travaux de manière à éviter
l'encombrement du marché, le réseau des voies
ferrées, voté dans la précédente législature,
pourrait être entièrement exécuté.

Certains esprits s'inquiétaient particulièrement
de la rareté du numéraire et de la situation des
encaisses de la Banque de France. L'exportation
du numéraire nécessitée par les achats de céréales à l'étranger expliquait facilement sa dispari-
tion momentanée. Quant à la diminution des encaisses de la Banque, elle ne devait pas être
attribuée uniquement à cette même cause. En
effet, afin de secourir les populations éprouvées
par l'insuffisance de la récolte, le gouvernement
avait imprimé à certains travaux une activité telle
que, au 1er décembre 1846, les dépenses consta-
tées dans les comptes des payeurs de l'administration des finances dépassaient de 70 millions
celles de l'année précédente. Il avait été pourvu
à cette augmentation de payements par un accroissement dans les envois du numéraire de

Paris vers les départements, envois qui avaient
agi d'une façon sensible sur les encaisses de la
Banque.

Passant ensuite à l'examen des budgets antérieurs, M. Lacave-Laplagne croyait pouvoir ramener le découvert de 1844 à 181,530 fr., le réduisant
ainsi de 5,626,243 fr. Il prévoyait que celui de
1845, calculé l'année précédente à 18,949,118 fr.,
serait en réultat final voté au chiffre de 1,791,831
fr. La situation du découvert de 1846 était loin
d'être aussi satisfaisante. Porté à 25,102,029 fr.
lors de la présentation du budget de 1847, il ne
pouvait être évalué à moins de 80 millions, tout
en faisant entrer dans cette appréciation un boni
de 33 millions sur les recettes. Parmi les dépenses qui avaient produit ce fâcheux résultat, il nous
faut citer, 6,500,000 fr. distribués en secours de
divers genres aux populations, 14,600,000 fr.
pour renchérissement des rations de la guerre et
de la marine, 33 millions pour l'Algérie,
14,600,000 fr. ajoutés aux crédits ordinaires de
la marine pour plusieurs stations navales.

Il était à craindre que le budget de l'exercice
1847, voté avec un excédant de dépenses de
2,463,928 fr. et qu'une loi spéciale avait porté
dès le cours de la précédente session à 3,264,123 fr.
aggraverait encore la charge résultant de l'en-

semble des découverts. En effet le gouvernement calculait que, pour faire face à tous les besoins, 57,681,294 fr., dont 9 millions applicables aux réparations des dommages causés par les inondations ou à des secours, seraient encore nécessaires. C'était ainsi un total de 60,945,317 fr. auquel il aurait fallu porter l'excédant de 1847 si une plus-value de 12,055,000 fr., que l'on était fondé à attendre sur les recettes, ne permettait de ramener le découvert présumable à 49 millions environ. Ainsi l'ensemble des découverts des budgets depuis et y compris l'année 1840 se trouvait porté à 433,515,690 francs. Il n'était plus possible par suite de conserver l'espoir que leur extinction n'exigerait l'emploi des réserves de l'amortissement que jusqu'à la fin de 1846. Pour rétablir l'équilibre, il devenait indispensable de prélever au moins 61,016,138 fr. sur les 80,902,000 fr. de la réserve de 1847. Le ministre concluait en déclarant que pour ménager les finances, il fallait désormais ajourner toute entreprise nouvelle et toute innovation hasardée.

Le projet de budget de 1848 présentait, pour le service ordinaire, les résultats suivants :

Recettes.	1,371,592,457
Dépenses..	1,368,276,127
Excédant de recettes. .	3,316,330

Au budget extraordinaire, les travaux régis par la loi du 25 juin 1841 figuraient en dépense pour 23,068,500 fr.; les travaux régis par la loi du 11 juin 1842 pour 152,728,000 fr., soit un total de 175,796,500 fr.[1] imputable d'une part sur le produit de l'emprunt en rentes et provisoirement d'autre part sur les ressources de la dette flottante.

Le rapport des dépenses fut confié à M. Bignon. Rappelant que, dans sa réponse au discours de la couronne, la Chambre des députés avait manifesté l'intention de ne laisser introduire aucune dépense nouvelle que ne justifierait pas une évidente nécessité[2], le rapporteur déclarait que cette volonté était devenue le programme même de la commission du budget. Tout en constatant la faiblesse des réductions opérées, réductions qui n'atteignaient que les services généraux des ministères et les frais de régie ou de perception, M. Bignon

1.	Travaux publics.	Guerre.	Marine.	Totaux.
Travaux régis par la loi du 25 juin 1841. . . .	2,448,500ᶠ	14,120,000ᶠ	6,500,000ᶠ	23,068,500ᶠ
Travaux régis par la loi du 11 juin 1842. . . .	131,168,000	8,260,000	13,300,000	152,728,000
	133,616,500ᶠ	22,380,000ᶠ	19,800,000ᶠ	175,796,500ᶠ

2. V. p. 157.

IV.   14

estimait que des économies considérables pourraient être réalisées par l'allègement de la dette
publique lorsque le remboursement du fonds
5 pour 100, aurait été rendu praticable, lorsque
l'effectif de l'armée aurait été réduit et les charges de la marine diminuées, lorsqu'enfin la
France n'aurait plus à s'imposer pour l'Algérie
un sacrifice annuel de 100 millions. La commission opérant sur les dépenses du service
ordinaire un ensemble de diminutions s'élevant à 7,308,807 francs, les avait ramenées à
1.360,967,320 francs. Cherchant à concilier ce
que la situation du Trésor commandait avec l'obligation de continuer les entreprises commencées
et de maintenir le travail, elle avait abaissé les
dépenses du service extraordinaire à la somme
de 83,028,500 francs [1].

Il n'est pas sans intérêt de rappeler ici les féli-
citations que, au début de la discussion générale, le baron Chapuys de Montlaville crut devoir
adresser aux classes laborieuses pour leur modé-
ration dans la détresse, aux classes riches pour
leur charité. « C'est ainsi, disait-il, que se fortifie
« de plus en plus l'union qui doit régner entre
« toutes les classes de la société et que se consti-

---

1. Travaux régis par la loi du 25 juin 1841. .   20,148,500 fr.
   Travaux régis par la loi du 11 juin 1842. .   62,880,000

« tuera d'une manière absolue l'unité nationale,
« sous le double empire de la force chrétienne
« issue de la pensée divine, et de la liberté
« civile et politique née glorieusement il y a
« cinquante ans de la révolution française. »

La Chambre alloua 384,446,191 fr. à la « Dette
publique », 14,922,150 fr. aux « Dotations » et
aborda la discussion du budget des « Services
généraux des ministères » par l'examen de celui
de la justice et des cultes.

Les services de la justice figuraient au projet
pour une somme de 26,783,695 fr., constituant
par rapport à l'année précédente une augmentation de 57,800 fr. que la commission réduisit de
14,000 fr. par le rejet, au chapitre 1ᵉʳ « Administration centrale : Personnel » d'une somme égale
destinée à élever le traitement du secrétaire général de 15,000 fr. à 18,000 fr., ceux des direc-
teurs de 12,000 fr. à 15,000 fr. et de 10,000 fr.
à 12,000 francs. La Chambre, adoptant ces conclusions, se refusa également à admettre une
proposition figurant au chapitre 3 « Personnel
du conseil d'État » en vue d'augmenter les émoluments des maîtres des requêtes. Elle fixa à
26,739,095 fr. les dépenses de la justice.

Celles des cultes, arrêtées pour 1847 à
38,768,550 fr., atteignaient 40,415,950 fr., soit

une différence en plus de 1,647,400 fr., somme sur laquelle 1 million devait permettre d'accroître la modeste rémunération des desservants'et le surplus s'appliquer à la création de nouvelles succursales et de nouveaux vicariats, à l'institution de plusieurs titres de pasteurs protestants, à l'amélioration de la situation des ministres du culte israélite, etc.

La commission abaissa de 851,117 fr. le total des demandes ministérielles. Elle retrancha notamment au chapitre 5 « Traitements et indemnités des chapitres et du clergé » 200,000 fr. sur le million destiné à améliorer le sort des desservants ; mais elle donna son adhésion à l'établissement de nouvelles succursales et de nouveaux vicariats. Elle proposa également la suppression d'un crédit de 600,000 fr. inscrit au projet pour la restauration de la cathédrale de Paris. Il avait été déjà reporté pour ce monument 600,900 fr. sur 1847 et le budget voté l'année précédente avait ouvert un nouveau crédit de 600,000 francs. La décision prise par la commission lui fut dictée par la seule pensée que des travaux de la nature de ceux qui s'exécutaient à l'église de Notre-Dame n'avaient pas besoin d'être poussés avec une trop grande activité.

Fixées à la somme de 39,564,833 fr. les

dépenses du service des cultes portèrent à 66,303,928 fr. l'ensemble des crédits affectés par la Chambre au ministère de la justice.

Le budget des affaires étrangères se présentait au chiffre de 8,928,222 francs. L'augmentation qui en résultait, défalcation faite de plusieurs diminutions au nombre desquelles il y a lieu de signaler la suppression du poste de chargé d'affaires au Texas, poste que rendait inutile la réunion du Texas aux États-Unis, atteignait la somme de 74,500 francs. La commission l'avait ramenée à 43,500 fr. par le rejet des propositions tendant à élever les traitements des ambassadeurs de France à Constantinople et à Berne ainsi que ceux de plusieurs agents politiques et consulaires. Elle avait néanmoins admis le rétablissement d'un crédit de 20,000 fr. destiné à assurer la rétribution d'un auditeur de rote. Par le rétablissement de cette charge supprimée en 1830 la commission avait en vue de resserrer plus encore les liens existants entre la France et le Saint-Siège.

La Chambre, adoptant ces conclusions, dota les affaires étrangères de 8,885,422 fr. et passa à la discussion du budget de l'instruction publique qui avait reçu l'année précédente 17,938,983 francs.

Les crédits demandés pour ce département

s'élevaient à 18,258,183 fr., dépassant ainsi de 319,200 fr. ceux qui avaient été accordés en 1846. Le ministre avait tenu à ne faire figurer dans ses propositions, comme dépenses nouvelles, que celles qui lui paraissaient nécessaires pour assurer un meilleur fonctionnement des services, car il présumait que la future législature aurait à s'occuper tout particulièrement de divers projets de loi sur l'enseignement primaire et secondaire, sur l'enseignement du droit et celui de la médecine. Il croyait par suite que ces importantes questions devaient être provisoirement réservées. Partageant ce sentiment et pensant que le vote de ces lois provoquerait des dépenses considérables, la commission alla même jusqu'à opérer sur les propositions ministérielles 224,150 fr. de réductions. La Chambre, les adoptant pour la plupart, alloua au département de l'instruction publique 18,038,033 francs.

Les demandes relatives au ministère de l'intérieur s'élevaient à 27,037,448 fr. pour le service général et à 8,961,050 fr. pour le service départemental, constituant un ensemble de 116,647,498 fr. supérieur de 3,451,085 fr. aux crédits votés pour 1847. Compensation faite de diverses diminutions, les fonds généraux ne supportaient cette différence que pour 10,057 francs,

La commission réduisit de 322,740 fr. les crédits réclamés par le gouvernement. Elle avait notamment retranché 200,000 fr. au chapitre 13 « Conservation des monuments historiques » qui figurait au projet ministériel avec une augmentation de pareille somme. Elle engageait en même temps l'administration à n'accorder le concours de l'État qu'aux départements ou aux communes qui s'imposeraient des sacrifices sérieux et seulement pour l'entretien de monuments dont la conservation présenterait un intérêt réel.

Devant la Chambre M. Vitet combattit ces conclusions. Faisant valoir que les communes avaient dû employer toutes leurs ressources pour secourir les indigents pendant la disette et que celles qui contribuaient à la restauration de leurs monuments ne pourraient même, sans doute durant quelques années, verser leur contingent habituel, il obtint de ses collègues le maintien des 800,000 fr. réclamés par le gouvernement. Arrêtant à 26,954,708 fr. les dépenses imputables sur les fonds généraux, la Chambre dota le budget de l'intérieur d'une somme totale de 116,564,758 fr., puis elle fixa celui du ministère de l'agriculture au chiffre de 14,384,500 francs.

Le Parlement avait accordé pour 1847 à la 1re section du budget des travaux publics 63,219,094 fr. :

à savoir 62,418,900 fr. par la loi de finances et 800,194 fr. d'allocations spéciales attribuées par la loi du 3 juillet 1846 à l'achèvement de divers édifices pour des travaux qui, leur durée étant limitée, ne pouvaient être considérés comme une charge permanente du budget ordinaire. En vertu de la même loi ces ouvrages figuraient au projet de budget pour 756,000 fr. et, afin d'arriver à une comparaison exacte des deux exercices, il y avait lieu de retrancher ces 756,000 fr. de la somme de 63,756,400 fr. demandés pour 1848 et qui se trouvait ainsi réduite au chiffre de 63,000,400 fr., faisant ressortir par rapport à l'année précédente une augmentation de 581,500 francs. En déduisant encore de cette somme, observait le ministre, 33,100 fr. représentant une augmentation sur les frais de contrôle, de surveillance et de police, dont le montant devait être recouvré sur les compagnies de chemins de fer, l'accroissement des charges ne se trouvait plus être que de 548,400 francs.

La 1re section subit, de la part de la commission, un ensemble de réductions s'élevant à 434,350 francs. La Chambre les adoptant pour la plupart lui attribua 63,522,050 francs.

La somme de 133,616,500 fr., qui figurait au projet pour la 2e section, comprenait d'une part

2,448,500 fr. pour les travaux imputables sur
les ressources créées par la loi du 25 juin 1841
et d'autre part 131,168,000 fr. pour ceux qui
étaient imputables sur les ressources de la dette
flottante. Cette section se présentait ainsi, comparativement à l'exercice précédent, avec une
différence en moins de 15,781,500 fr. sur les dépenses. Les 2,448,500 fr., réclamés en vertu de la
loi du 25 juin 1841, formaient le complément des
allocations générales votées pour les travaux
compris dans cette catégorie. Les crédits auxquels devait pourvoir la dette flottante allaient
s'accroître des sommes non consommées sur
les crédits ouverts aux exercices précédents. Le
gouvernement était par suite en droit de penser
qu'il pourrait imprimer à tous les travaux une
vigoureuse impulsion. Néanmoins, en présence
de la situation financière et de l'état du crédit, la
commission, voulant modérer l'exécution de ces
travaux, réduisit de 85 millions les allocations
qu'elle jugeait utile d'accorder à la seconde partie de cette section. Plusieurs de ces suppressions
furent combattues au cours de la discussion, notamment par M. Lacrosse qui obtint le rétablissement d'un crédit de 1,500,000 fr. pour l'achèvement du chemin de fer de Versailles à
Chartres.

La Chambre, allouant 49,848,500 fr. à la
2ᵉ section, arrêta ainsi le budget des travaux
publics à la somme totale de 113,370,550 francs.

Les demandes du ministre de la guerre s'élevaient à 309,130,506 fr., savoir : 230,462,870 fr.
pour les divisions territoriales de l'intérieur et
78,667,636 fr. pour l'Algérie. Elles étaient basées
sur un effectif de 342,767 hommes et de 83,851
chevaux. Sur cet effectif, 282,767 hommes et
68,361 chevaux étaient affectés aux divisions
territoriales pour lesquelles il résultait par rapport à 1847 une augmentation de 3,002 hommes
et de 2,181 chevaux, augmentation nécessitée
par l'organisation de nouvelles brigades de gendarmerie. Quant à l'armée d'Afrique, elle ne figurait dans cet accroissement de forces que
pour 69 chevaux. Les dépenses de l'intérieur se
trouvaient élevées de 4 millions, élévation occasionnée principalement par la non-reproduction
en 1848 d'un prélèvement de grains fait en 1847
sur la réserve, par la fabrication de 100,000
armes neuves, par la création de nouvelles brigades de gendarmerie et enfin par le retour de
l'année bissextile. Celles qui concernaient l'Algérie étaient accrues de 3,305,387 fr., de façon,
ainsi que l'exposait le ministre de la guerre, à
étendre aux nouveaux centres de population les

bienfaits de la religion, de l'instruction et de la justice, de façon aussi à favoriser le développement
de l'agriculture et à améliorer les divers services
publics. Ces dépenses, ajoutait le général de
Saint-Yon, ne resteraient assurément pas infruc-
tueuses, car il avait été déjà permis de porter à
17,825,000 fr. dans l'évaluation générale des
recettes pour 1848 le montant des produits de
l'Algérie attribués à l'État, soit une bonification
de plus de 5 millions qui compensait et au delà les
charges nouvelles.

L'ensemble des demandes du ministre fut
réduit de 3,574,924 fr. par la commission.
Son rapporteur, faisant allusion aux 17,000 hommes appelés sous les drapeaux tant par l'ordonnance du 9 novembre 1846 que par la loi du 11
avril 1847 [1], rappela que les crédits nécessaires à
leur appel n'avaient été alloués que sur l'engagement formel du gouvernement de ne pas les
comprendre dans l'effectif permanent et il exprima
l'espoir que ces 17,000 hommes qualifiés par lui
d'extra budgétaires seraient rentrés dans leurs
foyers à la fin de 1847.

M. Lanjuinais entretint de nouveau la Chambre de l'affaire Bénier [2] qui donna lieu à une

1. Voir p. 165.
2. Voir p. 144.

longue discussion au cours de laquelle M. Luneau
reprocha au service de l'intendance militaire
·d'avoir manqué à ses devoirs en laissant pendant
quinze ans la gestion de ce comptable dans un
complet abandon. Les poursuites judiciaires n'a-
vaient commencé que dix-huit mois après la mort
de Bénier et avaient abouti au renvoi de son fils
ainsi que d'un sieur Goblet devant la cour d'assises de la Seine qui avait prononcé l'acquittement
de ces deux accusés. Suivant M. Luneau, des
poursuites engagées aussi tardivement n'a-
vaient pu produire tous les résultats qu'on en
attendait et pour rendre hommage à la mémoire
du chef de bureau du ministère de la guerre qui
avait inutilement appelé l'attention de ses chefs
sur la gestion de Bénier, M. Luneau proposa
d'accorder à la veuve de M. Texier une pension
de 3,000 fr. sur le fonds de subvention porté
au chapitre 19, indépendamment de celle qui
avait été liquidée au profit de Mme Texier. Le
président de la Chambre fit observer que les
pensions pour récompenses nationales devaient
être accordées par une loi spéciale et que par
suite il n'avait pas à mettre en délibération
l'amendement présenté par le député de la
Vendée. Après cet incident, le budget du service ordinaire du département de la guerre

fut voté au chiffre de 305,630,382 francs.

Dans la nécessité de diminuer les charges qui pesaient sur le Trésor, la commission avait réduit de 6 millions la 2ᵉ section du département de la guerre, section qui figurait au projet de budget pour 22,380,000 fr. dont 14,120,000 fr. devaient être affectés aux travaux régis par la loi du 25 juin 1841 et 8,260,000 fr. aux travaux régis par celle du 11 juin 1842. La Chambre attribua 12,850,000 fr. aux premiers, 3,530,000 fr. aux seconds et, allouant ainsi 16,380,000 fr. au service extraordinaire, elle fixa l'ensemble des dépenses de la guerre à 322,010,382 francs.

Les 121,184,591 fr. réclamés par le ministre de la marine pour la 1ʳᵉ section du budget de son département constituaient une augmentation de 2,056,647 fr. pour les services de la marine et de 961,125 fr. pour ceux des colonies, soit un total de 3,017,772 fr. que la commission réduisit de 1,457,002 francs.

La 2ᵉ section qui avait reçu 20,800,000 fr. pour 1847 ne figurait au projet gouvernemental que pour 19,800,000 francs. Néanmoins la commission, poussée par les mêmes motifs qui lui avaient commandé d'atténuer les dépenses des travaux de la guerre, abaissa de 6,500,000 fr. à 5 millions, d'accord en cela avec le ministre de la marine, le crédit porté au chapitre 4 « Digue et arsenal de Cherbourg ».

La Chambre, donnant son adhésion à cette mesure ainsi qu'à presque tous les retranchements qui lui étaient proposés, affecta 97,379,720 fr. aux services de la marine et 22,861,175 fr. à ceux des colonies, fixant ainsi les dépenses de la 1re section à 120,240,895 francs. Elle alloua à la 2e section 5 millions pour les travaux régis par la loi du 25 juin 1841 et 13,300,000 fr. pour les travaux régis par celle du 11 juin 1842, soit un total de 18,300,000 fr. qui portait au chiffre de 138,540,895 fr. l'ensemble des crédits accordés au département de la marine et des colonies.

Comparativement à l'année précédente, les dépenses des services généraux du ministère des finances se présentaient avec une différence en plus de 175,152 fr. sur laquelle la commission retrancha 16,500 francs. La plupart des réductions furent rejetées par la Chambre qui dota ces services d'une somme de 17,765,136 fr., inférieure seulement de 1,200 fr. aux demandes du gouvernement.

Compensation faite de diverses diminutions provenant de l'achèvement du cadastre dans plusieurs départements ainsi que du transport des

dépêches par les chemins de fer et les paquebots,
la quatrième partie du budget « Frais de régie,
etc. » pour laquelle 157,428,625 fr. étaient demandés ressortait par suite avec un accroissement final de 5,763,235 fr., résultant d'achats
plus considérables de matières destinées à la consommation : tabacs, poudres à feu, etc., d'augmentation des frais de main-d'œuvre, enfin d'améliorations nécessitées par l'extension des services
des douanes, des contributions indirectes et des
postes.

La commission avait réduit cette somme
de 642,830 francs. La Chambre accorda
156,892,495 fr. à la quatrième partie du budget
et, conformément aux propositions du gouvernement et de la commission, 74,185,730 fr. à la
cinquième : « Remboursements, etc. »

La commission avait inséré dans la loi de finances un article additionnel, aux termes duquel
la faculté accordée par des lois spéciales de reporter d'un exercice à l'autre par ordonnance royale
des crédits non consommés, cesserait d'exister à
partir du 31 décembre 1848. Toutefois cette disposition ne devait pas recevoir son application
dans le cas où il s'agirait soit d'un crédit limité à
un seul exercice, soit de la dernière allocation
d'un crédit réparti sur plusieurs années. « Tant

« que le droit de reporter un crédit, disait le
« rapporteur, d'un exercice qui finit à un autre
« qui commence s'est exercé dans d'étroites li-
« mites et sur quelques crédits spéciaux, les
« Chambres ont pu ne pas apercevoir les incon-
« vénients et les abus qui pouvaient naître de
« cette faculté, mais lorsqu'elle devient générale
« et s'applique à tout, il est impossible de ne pas ou-
« vrir les yeux et de ne pas reconnaître que l'état
« de choses que l'exercice de ce droit entraîne ne
« saurait être toléré plus longtemps. Le plus grand
« des inconvénients, c'est d'établir l'arbitraire dans
« l'exécution des travaux et la confusion dans la
« comptabilité. » Le gouvernement comprit la
nécessité d'adhérer à cet article additionnel qui
devint l'article 8 de la loi portant fixation des dépenses de l'exercice 1848. Enfin un amendement,
dû à l'initiative de M. Deslongrais et adopté par la
Chambre comme article 5 de cette même loi,
vint décider qu'il serait joint tous les cinq ans
aux documents fournis à l'appui du budget un
état des traitements des fonctionnaires, agents
administratifs, officiers de tous grades et employés des services civils et militaires compris au
budget général de l'État [1].

---

1. Un état semblable avait été publié en 1831.

La Chambre des pairs, détournée de ses travaux parlementaires par le jugement de M. Teste, du général Cubières et de leurs complices, ne put consacrer que trois séances à l'examen du budget des dépenses qu'elle vota sur le rapport du marquis d'Audiffret.

Le ministre des finances prévoyait sur les recettes ordinaires de l'exercice 1848, qu'il évaluait à 1,371,592,457 fr., une augmentation de 35,550,632 francs. Il ne portait en recettes pour le service extraordinaire que 23,068,500 fr. à prélever sur le produit de l'emprunt pour couvrir les crédits d'égale somme demandés par le gouvernement.

La commission, par l'organe de son rapporteur, M. Vuitry, n'évalua les premières qu'à la somme de 1,370,978,010 francs. Elle réduisit les secondes à 20,148,500 fr. par suite d'un retranchement de 2,920,000 fr. qu'elle avait opéré sur les dépenses de la guerre et sur celles de la marine.

La Chambre des députés et après elle la Chambre des pairs, sur le rapport de M. Jard-Panvillier, fixèrent le budget des recettes de la façon suivante :

Service ordinaire.. . . .	1,370,978,010
Service extraordinaire. . .	20,298,500
Total. . .	1,391,276,510

IV.   15

Un article de la loi eut pour effet de modifier les cautionnements des receveurs généraux et particuliers des finances ainsi que ceux des percepteurs et de substituer aux bases fixées par la loi du 28 avril 1816 un tarif par classe de comptables, ayant pour avantage de répartir dans de plus justes proportions la somme des cautionnements.

Le budget de 1848 se trouva ainsi réglé :

Dépenses :

Justice et cultes.	66,303,928
Affaires étrangères. . . .	8,885,422
Instruction publique. . .	18,038,033
Intérieur.	116,564,758
Agriculture et commerce. .	14,384,500
Travaux publics.	63,522,050
Guerre.	305,630,382
Marine.	120,240,895
Finances.	648,111,702
Total. . . .	1,361,681,670
Travaux régis par la loi du 25 juin 1841.	20,298,500
Travaux régis par la loi du 11 juin 1842.	64,230,000
Total général des dépenses. .	1,446,210,170
Total général des recettes. .	1,391,276,510
Excédant des dépenses. . .	54,933,660

Le résultat général du budget de 1848 faisait ainsi ressortir les dépenses du service extraordinaire au chiffre de 64,230,000 francs. Comme les exigences d'une année difficile avaient considérablement diminué les principales sources auxquelles s'alimentait la dette flottante, il était à craindre que l'émission des bons royaux n'eût à subvenir pour une trop large part aux besoins du Trésor. Le ministre des finances, M. Dumon, comprit qu'il ne pouvait sans inconvénient ajourner jusqu'à l'année suivante l'examen des mesures à prendre pour faire face à cette situation. Il n'hésita donc pas à demander à la Chambre, avant la clôture de la session [1], l'autorisation de consolider une partie de la dette flottante et de négocier avec publicité et concurrence la somme de rentes nécessaire pour produire un capital de 350 millions, dont le montant devait être affecté aux dépenses des travaux publics extraordinaires. Dans l'ensemble de ces dépenses qui atteignaient le chiffre de 948,604,761 fr. les travaux régis par la loi du 25 juin 1841, auxquels il avait été ouvert des crédits supérieurs à l'emprunt de 450 millions, figuraient pour 46,821,400 francs. Les travaux régis par la loi du

1. Dans la séance du 7 juillet.

11 juin 1842, auxquels les réserves de l'amortissement avaient toujours fait défaut, s'élevaient
pour la part restant définitivement à la charge de
l'État à 901,783,361 francs. En appliquant à l'acquittement de ces dépenses la totalité de l'emprunt, soit 350 millions, il devait rester à pourvoir
sur les réserves de l'amortissement au payement
de 598,604,761 francs.

Admettant que l'équilibre du budget pourrait
être rétabli en 1849, le rapporteur de la commission chargée de l'examen du projet de loi, M. Vuitry, calculait que par suite la complète liquidation des avances du Trésor pour l'achèvement des
travaux publics extraordinaires ne serait terminée
qu'à la fin de 1854. Il en concluait qu'un emprunt
inférieur à 350 millions ne serait pas suffisant et
proposait l'adoption du projet.

La loi fut ainsi votée à une grande majorité
dans les deux Chambres. Toutefois à la Chambre
des pairs, le chancelier Pasquier protesta contre
le dépôt tardif d'un projet sur lequel le Parlement,
à la veille de se séparer, n'avait pu délibérer
avec réflexion.

Lorsque les Chambres se réunirent le 28 décembre 1847 [1], l'opinion publique était vivement

_____

1. Aucune loi relative aux finances ne fut votée par le Parle-

préoccupée par la campagne dite des banquets qui avait pour objet de faire étendre la capacité électorale à un nombre plus considérable de citoyens. Bien que les manifestations populaires, auxquelles elle donna cours, aient déterminé la révolution de février, il est certain que la monarchie était déjà sérieusement ébranlée par plusieurs causes, l'agitation croissante des esprits dans la plupart des États européens, les scandales récents, la disette, enfin le malaise économique.

La situation financière inspirait en effet de vives préoccupations et la confiance publique était à ce point troublée que le gouvernement n'avait pu négocier que jusqu'à concurrence de 250 millions l'emprunt de 350 millions qu'il avait été autorisé à contracter dans la session précédente. Lors de la discussion de l'adresse, le paragraphe par lequel la Chambre des députés dé-

ment dans la courte session de 1848. Toutefois, quelques jours avant la révolution, dans la séance du 18 février, la Chambre des députés avait adopté le projet de loi portant règlement définitif du budget de 1845. Le service ordinaire fut arrêté avec un excédant de recettes de 19,879,694 fr., le service des travaux extraordinaires régis par la loi de 1841 fut fixé en recettes et en dépenses au chiffre de 63,068,110 fr, et l'avance du Trésor pour les chemins de fer et autres travaux régis par la loi de 1842 à celui de 100,480,587 francs. Le service colonial fut réglé en recettes et en dépenses à la somme de 21,278,667 francs. Les événements empêchèrent que la Chambre des pairs délibérât à son tour sur ce projet de loi.

clarait « qu'elle veillerait avec une économie de
plus en plus sévère à maintenir dans le budget
les prévisions sur lesquelles reposait l'avenir des
finances et à établir un équilibre complet et réel
dans les recettes et les dépenses », donna lieu à
un débat où MM. Achille Fould, Jules de Las-
teyrie et Léon Faucher, bien que d'opinions différentes, exprimèrent les inquiétudes que leur
causait notre état budgétaire.

Le ministre des finances leur répondit que le
revenu sans cesse croissant avait pourvu à toutes
les dépenses et que, avec l'année 1847, aurait
sans doute été close la série des découverts sans
les sacrifices nécessités par la disette et les inondations. Quant à l'emprunt, M. Dumon assurait
qu'il n'avait été négocié que pour 250 millions,
parce que cette somme lui avait paru suffisante.
Il ajoutait que les 100 millions de surplus seraient affectés à la consolidation des fonds des
caisses d'épargne.

« M. Thiers prit la parole après M. Dumon et
son discours est l'exposé exact de la situation financière à la veille de la révolution de février [1]. »

---

1. Thiers. *Discours parlementaires*, t. VII, p. 432. Préam-
bule au discours du 25 janvier 1848. — Ce passage est textuellement
emprunté à l'une des notices que M. Calmon a placées en tête de
chacun des discours de M. Thiers.

Le budget de 1849 était calculé à la somme de
1,382 millions et, malgré les assurances du gouvernement, il était peu probable qu'il serait en
équilibre, car les budgets des cinq années précédentes offraient en moyenne, par rapport aux premières évaluations, une augmentation annuelle
de dépenses de 65 à 70 millions qui n'était compensée que par une augmentation annuelle de
recettes de 20 millions. Par suite, en prenant le
budget de 1847 pour base de celui de 1849, on
obtenait une plus value de 40 millions dans les
recettes, c'est-à-dire un déficit de 20 millions sur
le budget ordinaire. « Ce n'est pas dans le budget ordinaire que je vois le plus grand danger,
observait M. Thiers, c'est dans le budget extraordinaire. »

Les dépenses qui constituaient ce budget
avaient pour origine d'une part les travaux régis
par la loi de 1841, pour lesquels M. Humann avait
négocié un emprunt de 450 millions et dont le
complet achèvement ne devait guère exiger encore plus de 46 millions et d'autre part les travaux votés depuis 1842 et atteignant 1,100 millions pour la portion à la charge de l'État. Les
premiers qui figuraient au budget de 1849 pour
18 millions, les seconds pour 117 millions, portant ainsi à 135 millions l'ensemble des dépenses

du budget extraordinaire, formaient avec les
1,382 millions de dépenses du budget ordinaire
un total de 1,517 millions. En ajoutant à ces
prévisions l'excédant habituel de 60 millions,
on pouvait évaluer à près de 1,580 millions les
dépenses de l'exercice 1849. Ainsi dans le cours
de sept années l'augmentation avait été portée à
300 millions.

Avec quelles ressources faisait-on face à ces
1,600 millions ? Le budget ordinaire dont les
dépenses auraient dû être payées au moyen de
seules recettes ordinaires n'était soldé qu'avec
les réserves de l'amortissement, dont se trouvait
ainsi privé le budget extraordinaire, qui n'était
par suite soldé lui-même qu'à l'aide de ressources fictives : l'imputation sur les réserves futures
de l'amortissement.

M. Thiers exposait le danger d'un tel procédé
par la comparaison suivante : « C'était, déclarait-
il, s'adresser à un capitaliste qui n'a pas les fonds
qu'il promet, ou que l'on se promet sans qu'il
les ait promis lui-même. »

Mais pour faire face aux dépenses du budget
ordinaire avec des réserves de l'amortissement
qui n'existaient pas encore, il fallait faire appel
provisoirement aux ressources de la dette flottante.

Sans cesse grossissante, bien que diminuée de temps à autre par un emprunt, la dette flottante se composait d'une ancienne dette de 256 millions antérieure à 1830, de la portion des budgets non encore liquidée, enfin des travaux extraordinaires auxquels il n'avait pas été pourvu par des ressources effectives. Aucune portion de la réserve de l'amortissement n'ayant été appliquée au budget extraordinaire, M. Thiers prévoyait que, à la fin de 1848, les travaux exécutés et dus s'élèveraient à 676 millions, dont il y avait lieu toutefois de défalquer 50 millions remboursés par les compagnies et 140 millions, produit de l'emprunt. La dette flottante ainsi évaluée à 742 millions se trouvait encore accrue d'une somme de 50 millions consistant dans les encaisses que le Trésor avait chez les agents chargés d'effectuer des payements pour le compte de l'État et qui portait le total à près de 800 millions. Cet état de choses était pour l'époque une véritable imprudence. Il était alors communément admis que les avances des correspondants du Trésor et les bons royaux, seuls moyens de pourvoir à la dette flottante, ne permettaient pas de la porter sans danger au delà de 600 millions.

Et cependant, tout en constatant ce qu'une pareille gestion avait de contraire aux principes

d'une sage administration et tout en songeant
avec effroi à ce qu'eût été la situation embarras-
sée de la France en présence de l'éventualité
soudaine d'une guerre, nous devons reconnaître
que cette témérité produisit d'heureux résultats.

Laissant à la France une armée que les cam-
pagnes d'Afrique avaient aguerrie, ayant mis le
pays en état de défense, reconstitué notre
marine et définitivement établi notre domination
sur l'Algérie[1], la monarchie de juillet avait achevé
la restauration des édifices publics, complété le
système des routes et des canaux, tracé et entrepris un vaste réseau de voies ferrées, apporté
ainsi l'aisance sur tous les points du territoire.

Sous le sceptre d'un roi auquel il manquait ou
de ne pas représenter une tradition séculaire ou
de ne pas personnifier une légende, mais qui
donna sur le trône l'exemple de toutes les vertus
publiques et privées, sous le gouvernement
d'hommes d'État tels que le baron Louis,
M. Laffitte, M. Casimir Perier, le duc de Broglie,
M. Humann, le comte Molé, le comte Duchâtel,
M. Thiers, M. Guizot, qui furent secondés dans
leur tâche par un Parlement composé de l'élite
sociale et intellectuelle de la nation, la France

---

1. Abd-el-Kader s'était soumis à la France en décembre 1847.

atteignit un degré de prospérité jusqu'alors inconnue, prospérité sur laquelle le second empire put fonder sa popularité éphémère et qui lui permit de subvenir aux exigences de sa décevante splendeur.

FIN

TABLEAU

DE LA

PROGRESSION DES PRINCIPAUX REVENUS PUBLICS DE LA FRANCE

DU 1ᵉʳ JANVIER 1830 AU 31 DÉCEMBRE 1847

DÉSIGNATION	1830	1847	ACCROISSEMENT
Contributions directes.	332,181,038	423,435,560 44	91,254,522 44
Enregistrement, timbre et domaines. . .	186,609,840	271,496,058 97	84,886,218 97
Forêts.. . . .	25,222,000	29,434,929 38	4,212,929 38
Douanes et sels.	155,627,552 (A)	201,100,440 28	45,472,888 28
Contributions indirectes (Boissons, Droits divers, Tabacs et Poudres). .	202,650,951	304,912,336 31	102,261,385 31
Postes.. . . .	33,727,650	53,287,196 30	19,559,546 30

(A) Ce chiffre comprend le produit des salines et mines de sel de l'Est, soit 1,396,448 pour 1830.

EXERCICES	CRÉDITS LÉGISLATIFS	DÉPENSES EFFECTUÉES	EN PLUS DES CRÉDITS
1830	1,079,495,042 »	1,095,542,115 »	15,647,073
1831	(A) 1,232,537,093 »	(A) 1,219,310,975 »	»
1832	1,199,243,590 »	1,174,350,197 »	»
1833	1,161,566,430 »	1,128,994,304 »	»
1834	(B) 1,082,150,549 52	(B) 1,063,559,442 63	»
1835	(B) 1,069,307,308 70	(B) 1,047,207,680 48	»
1836	(B) 1,095,410,679 58	(B) 1,065,899,158 95	»
1837	(B) 1,106,250,734 58	(B) 1,078,902,494 39	»
1838	(B) 1,162,401,053 86	(B) 1,136,188,851 28	»
1839	(B) 1,201,300,601 15	(B) 1,179,046,335 53	»
1840	1,415,571,809 »	1,363,716,102 53	»
1841	1,478,077,960 »	1,425,239,622 74	»
1842	(C) 1,497,899,503 83	(C) 1,434,980,148 63	»
1843	(C) 1,487,806,299 12	(C) 1,439,271,740 85	»
1844	(C) 1,490,063,248 24	(C) 1,421,834,593 04	»
1845	(C) 1,530,486,238 13	(C) 1,482,525,542 12	»
1846	(C) 1,618,749,397 67	(C) 1,559,271,299 74	»
1847	(C) 1,726,529,621 »	(C) 1,623,172,003 69	»

(A) Dans cette somme figure celle de 4,700,000 fr., portion irrécouvrable du déficit Kessner.

(B) Dans ces sommes figurent les crédits ouverts aux ministères des Travaux publics et de l'Intérieur, pour travaux extraordinaires (art. 3, loi du 27 juin 1833, et art. 4, loi du 2 juin 1834), et les dépenses correspondantes.

CRÉDITS LÉGISLATIFS

TUÉES DE 1830 A 1847.

EN MOINS DES CRÉDITS	DATES DES LOIS DE CRÉDIT [1]
	2 août 1829. — 8 septembre ; 17 octobre 1830. — 5 et 29 janvier 1831.
13,226,118 »	16 octobre 1831. — 28 septembre ; 6, 14, 24 novembre ; 23 décembre 1831. — 7, 28 février ; 2 mars ; 21 avril 1832.
24,622,833 »	21 avril 1832. — 15, 22 avril 1832. — 21, 24, 26 avril 1833.
32,572,126 »	23, 24 avril 1833. — 12, 26 avril ; 28 juin 1833.—27 mars 1834.
18,591,106 89	28 juin 1833. — 25 février ; 6, 8, 22, 26, 28 avril ; 2 3, 24, 27, 28 mai 1834. — 25 janvier et 25 juin 1835.
22,099,628 22	23, 24 mai 1834. — 8 juin 1834. — 23, 27 janvier ; 19 mars ; 18 mai ; 14, 25, 26, 27, 29, 30 juin ; 2, 6 juillet ; 29, 30 août ; 2, 4 septembre 1835. — 24, 28 mai 1836.
29,511,520 63	17 août 1835. — 30 juin ; 2 juillet 1835. — 15, 26, 28 avril ; 24, 25 mai ; 4, 6, 9, 15 juin ; 4, 5, 6, 8, 9, 12 juillet 1836. — 17 juillet 1837.
27,348,240 19	18 juillet 1837. — 21 mars ; 1 et 24 avril ; 7, 19, 29 mai ; 1, 25 juin ; 10, 12, 17, 18, 19, 22 juillet 1837 et 10 mai, 28 juillet 1838.
26,212,202 58	20 juillet 1837. — 19, 30 mars ; 12, 27 avril ; 11, 25, 27 mai ; 6, 14 juin ; 5, 8, 12, 18, 28 juillet ; 4, 6, 9, 10 août 1838. — 10 août 1839.
22,254,265 62	14 juillet 1838. — 27 mai ; 18 juillet 1838. — 15, 26, 27, 30 juin ; 18, 19, 24, 26, 29 juillet ; 3, 4, 9, 10 août 1839. — 22 juin ; 5 juillet 1840.
51,855,706 47	10 août 1839. — 24, 26 juillet ; 7 août 1839. — 3, 22 mars ; 12, 19, 28 avril ; 6, 20 mai ; 6, 10, 18, 22 juin ; 5, 15, 16, 20, 24 juillet ; 7 août ; 23 novembre 1840.
52,838,337 26	10 juillet 1840. — 31 janvier ; 24 mars ; 3, 26, 27 avril ; 16, 24, 25 mai ; 10, 11, 13, 17, 25 juin 1841. — 25 mai ; 11 juin 1842.
62,919,355 20	25 juin 1841. — 6 juin 1841. — 7 avril ; 22, 24, 25 mai ; 11 juin 1842. — 6 juin 1843.
48,534,558 27	11 juin 1842. — 19, 24 mars ; 10, 11, 30 avril ; 6, 13, 30 juin ; 1, 2, 18, 19, 23, 24 juillet 1843. — 26 juillet 1844.
68,228,655 20	24 juillet 1843. — 20 avril ; 14 juin ; 5 juillet ; 23, 26, 31 juillet ; 4 et 5 août 1844.
47,960,696 01	4 août 1844. — 12, 16 mars ; 6, 13, 22, 26 avril ; 20 juin ; 15 et 19 juillet 1845.
59,478,097 93	19 juillet 1845. — 29 mars ; 30 avril ; 30 et 31 mai ; 3 juillet 1846.
103,357,617 31	3 juillet 1846. — 24 février ; 13 mars ; 2, 11, 25 avril ; 4, 21 mai. — 3, 11, 20 juin. — 9, 12, 22 juillet. — 8, 9 août 1847. — 16 septembre 1848.

(C) Y compris les excédants de dépense du service colonial ainsi que le service des travaux extraordinaires régis par la loi du 25 juin 1841 et les avances du Trésor pour les chemins de fer et autres travaux extraordinaires régis par la loi du 11 juin 1842.

1. Dans cette colonne la première loi indiquée est la loi du budget ; les autres sont des lois accordant des crédits supplémentaires.

EXERCICES	RECETTES	DÉPENSES	EXCÉDANT DE RECETTES	EXCÉDANT DE DÉPENSES	DATES DES LOIS DE RÈGLEMENT
1830	1,031,796,054 »	1,095,142,115 »	»	63,346,061 »	24 avril 1833.
1831	1,305,550,970 »	(A) 1,219,310,975 »	86,239,995 »	»	4 mai 1834.
1832	1,149,340,204 »	1,174,350,197 »	»	25,009,993 »	14 juin 1835.
1833	1,157,274,314 »	1,128,994,304 »	28,280,010 »	»	9 juillet 1836.
1834	(B) 1,066,998,542 41	(B) 1,063,559,442 63	3,439,099 78	»	8 juillet 1837.
1835	(B) 1,071,541,900 80	(B) 1,047,207,680 48	24,334,220 32	»	10 juin 1838.
1836	(B) 1,096,515,958 11	(B) 1,065,899,158 95	30,616,799 16	»	3 août 1839.
1837	(B) 1,091,814,904 11	(B) 1,078,902,494 39	12,912,409 72	»	6 juin 1840.
1838	(B) 1,150,616,963 49	(B) 1,136,188,851 28	14,428,112 21	»	15 janvier 1841.
1839	(B) 1,195,545,884 73	(B) 1,179,046,335 53	16,499,549 20	»	3 mai 1842.
1840	1,225,706,572 89	1,363,716,102 53	»	138,009,529 64	6 juin 1843.
1841	1,406,545,217 32	1,425,239,622 74	»	18,694,405 42	22 mars 1844.
1842	1,324,999,885 05	(C) 1,484,980,148 63	»	(D) 109,980,263 58	20 avril 1845.
1843	1,372,230,201 51	(C) 1,439,271,740 85	»	(D) 67,041,539 34	3 juillet 1846.
1844	1,378,462,167 05	(C) 1,421,834,593 04	»	(D) 43,372,425 99	12 juillet 1847.
1845	(E) 1,386,380,284 39	(C) 1,482,525,542 12	(F) 4,335,329 84	(D) 100,480,587 57	Décret du 20 juillet 1848.
1846	(E) 1,396,371,592 76	(C) 1,559,271,299 74	»	(D) 162,899,706 98	8 décembre 1848.
1847	(E) 1,365,881,364 69	(C) 1,623,172,003 69	»	(D) 257,290,639 »	8 mars 1850.

(A) Dans cette somme figure celle de 4,700,000 francs portion irrécouvrable du déficit Kessner.
(B) Dans ces sommes figurent les opérations concernant les travaux publics extraordinaires effectués par les ministères des Travaux Publics et de l'Intérieur conformément aux lois des 27 juin 1833 (art. 3) et 2 juin 1834 (art. 4).
(C) Y compris les excédants de dépense du service colonial, ainsi que le service des travaux extraordinaires régis par la loi du 25 juin 1841 et les avances du Trésor pour les chemins de fer et autres travaux extraordinaires régis par la loi du 11 juin 1842.
(D) Y compris les avances du Trésor pour l'établissement de grandes lignes de chemins de fer et autres travaux régis par la loi du 11 juin 1842.
(E) Y compris le service des travaux extraordinaires régis par la loi du 25 juin 1841.
(F) Excédant de recettes réel du budget de 1845.

TABLEAU DES EMPRUNTS LÉGISLATIFS QUI ONT EU LIEU DU 1er AOUT 1830
JUSQU'A LA CHUTE DE LA MONARCHIE DE JUILLET

ÉPOQUES DES EMPRUNTS	LOIS QUI ONT AUTORISÉ LES EMPRUNTS	NATURE des RENTES	MONTANT des RENTES ALIÉNÉES	TAUX des NÉGOCIATIONS	MODES DES NÉGOCIATIONS	PRODUIT des EMPRUNTS
19 avril 1831.	Loi du 25 mars 1831.	5 p. %	7,142,858	84 »	Divers banquiers et receveurs généraux (adjudication).	120,000,014
Emprunt national. 8 août 1832.	Loi du 21 avril 1831. Lois de 1831 et 21 avril 1832.	5 p. % 5 p. %	1,021,945 7,614,213	pair 98 50	Divers souscripteurs. Maisons Rothschild, Davillier et Hottinguer (adjudication).	20,438,900 150,000,000
18 octobre 1841.	Loi du 25 juin 1841.	3 p. %	5,730,659	78 52 1/2	Rothschild frères, Hottinguer, Bandon, Saint-Didier et receveurs généraux (adjudication).	150,000,000
9 décembre 1844.	Loi du 25 juin 1841.	3 p. %	7,079,646	84 75	Maison Rothschild frères (adjudication).	200,000,000
10 novembre 1847. Fonds des Caisses d'épargne.	Loi du 8 août 1847. Lois des 31 mars 1837 et 26 juin 1845.	3 p. % 4 p. %	(A) 2,569,413 8,092,647	75 25	Id. Compte courant des Caisses d'épargne.	64,449,443 202,316,175

(A) Partie réalisée de l'emprunt de 250 millions adjugé en 1847.

ERRATA

Tome II, page 9, 12ᵉ ligne, 5,250 millions, *au lieu de* : 5.250,000.

—   1,550 millions, *au lieu de* : 1,550,000.

—   3,700 millions, *au lieu de* : 3,700,000.

—   page 80, 18ᵉ ligne, *lire* : « aux crédits supplémentaires et extraordinaires de 1833 », *au lieu de* : « à ces crédits ».

—   page 93, 13ᵉ ligne, 7,570,000, *au lieu de* : 7,571,000.

—   — 14ᵉ ligne, 1,519,000, *au lieu de* : 1,520,000.

—   page 207, 4ᵉ ligne,   3 0/0,   *au lieu de* :   5 0/0.

—   page 268, 6ᵉ ligne, *lire* : « au nouveau chapitre 14 », *au lieu de* : « au nouveau chapitre ».

—   page 307, note, *lire* : « février 1837 », *au lieu de* : « février 1827 ».

—   page 352, 13ᵉ ligne, 2,653,000, *au lieu de* : 2,635,000.

Tome III, page 76, 1ʳᵉ ligne, 44,600,000. *au lieu de* : 44,000,000.

—   page 249, 20ᵉ ligne, 1,284 millions, *au lieu de* : 1,284,000.

—   page 312, 25ᵉ ligne, *lire* : « centimes », *au lieu de* : « décimes ».

—   page 315, 18ᵉ ligne, *lire* : « centième », *au lieu de* : « centimètre ».

—   page 316, note, *lire* : « millimètre », *au lieu de* : « centimètre ».

—   page 347, 3ᵉ ligne, 84,500,   *au lieu de* : 84,501.

—   page 354, 17ᵉ ligne, *lire* : « Le budget de 1844 », *au lieu de* : « Le budget de 1843 ».

TABLE DES CHAPITRES

———

CHAPITRE XVII.

SESSION DE 1845.

Ouverture de la session. — Retraite de M. Villemain. — Comptes de 1842. — Rachat des actions
de jouissance des canaux. — Achèvement des
routes royales. — Proposition relative à la conversion des rentes. — Emprunt grec. — Crédits
supplémentaires et extraordinaires de 1844 et de
1845. — Démonétisation des espèces de billon.
— Fabrication du matériel d'armement de l'enceinte de Paris. — Travaux extraordinaires des
places de guerre. — Reconstruction de l'arsenal
d'Amiens. — Accroissement de l'effectif en Algérie, etc. — Chemins de fer. — Amélioration
des rades de Toulon et de Port-Vendres et de
divers ports. — Bassin à flot de Saint-Nazaire. —
Introduction de cultivateurs européens dans les
colonies et formation d'établissements agricoles.
— Station navale des côtes occidentales d'Afrique.
— Crédits divers alloués. — Caisses d'épargne. —

CHAPITRE XVIII.

SESSION DE 1846.

CHAPITRE XIX.

SESSIONS DE 1847 ET DE 1848.

INDEX

ALPHABÉTIQUE ET ANALYTIQUE DES MATIÈRES

A

B

port sur le budget pour 1848, IV, p. 209.

Billet de Banque. Défaveur du — en 1840, III, p. 120.

— Création de petites coupures, IV, p. 169.

Bineau (M.). Son amendem. au projet de loi sur le chem. de fer Marseille à Avignon, III, p. 301.

Blé. Prix du — en 1830, I, p. 13.

— Hausse des prix en 1846-47, IV, p. 158.
V. *Echelle mobile. Entrepôts fictifs.*

Blocus continental. Difficultés avec les Etats-Unis, traité de 1831, II, p. 64.

Boissons (Droits sur les). Réduction proposée en 1830, I, 21 ; troubles causés par la perception des —.p. 22 ; discussion, p. 22 ; adoption, p. 23 ; effets, p. 140, 276, 361.

— Impôt des —, relèvement proposé, II, p. 10, 38.

— Droit de circulation, immunités, fraudes, projet de réforme, III, p. 212. — Droit de détail, tolérances, abus, p. 214.

Boissy (M. de). Parle sur la politique extérieure, III, p. 362.

Boissy d'Anglas (le baron). Parle sur l'emprunt grec, II,

p. 30, 33 ; contre le traité avec les Etats-Unis, II, p. 67.

Bons du Trésor. Maxim. d'émission (1847), IV, p. 169.

Bouilleurs de cru. Définition précise des —, II, p. 382.

Bourses. Dans les lycées, I, p. 237 ; dans les séminaires, p. 232.

— Dans les séminaires, réduction proposée, II, p. 43.

Bousquet (M.). Sa proposition relative aux pensions (1832), I, p. 204, 327.

Brevets d'invention. Budget spécial du service des —, suppression, I, p. 393.

Broglie (le duc de). Ministre de l'Instruction publique en 1830, I, p. 5. — Ministre des Affaires étrangères, p. 297. — Parle sur le budget des cultes, p. 314 ; sur la révolution de juillet (1833), p. 319 ; sur la question des frais des expéditions de Belgique, p. 368.

— Parle sur l'emprunt grec, II, p. 30 ; sur le traité avec les Etats-Unis (1833), p. 70. — Donne sa démission, p. 74. — Parle sur le Zollverein, p. 188. — Président du Conseil (1835), p. 158.— Parle sur la conversion, p. 227.

C

sur le reliquat de l'indemnité des émigrés, I, p. 25 ; les impôts directs, p. 42 et s. ; de la loi sur l'amortissement (1831), p. 54 ; des crédits demandés pour les affaires d'Italie, p. 102. — Dissolution de la — en 1831, p. 107 ; résumé de ses travaux financiers. p. 108. — Discussion sur le budget de 1831, p. 116 ; sur les ateliers de charité (1831), p. 127, 141 ; sur la liste civile, p. 147 ; sur la loi relative à la Banque de France (1831), p. 134 et s., sur les douzièmes provis. pour 1832, p. 136 et s. ; sur la spécialité budgétaire, p. 249, 264, 330, 336 et s. — La — ne devrait pas augmenter les crédits proposés par le Gouvernement, p. 273.

— Discussion de la loi sur l'amortissem., II, p. 8 et s. ; de l'affaire de l'emprunt grec, p. 29 ; sur la liquidat. de l'anc. liste civile, p. 34 ; du budget de 1834, p. 39 et s. — Dissolution de 1834, p. 128. — Discussion sur le monopole des tabacs, p. 134 ; sur les caisses d'épargne (1834), p. 147 et s. — Affaire de l'indemnité due aux États-Unis, nouv. discussion, p. 162 et s. — Discussion du budget de 1836, p. 183. — Droits de la — en matière budgétaire, p. 292. — Discussion de la loi sur les

Caisses d'épargne (1837), II, p. 308 et s. ; de la loi créant un fonds extraord. pour trav. pub., p. 315 et s. ; de la loi sur les sucres, p. 342 et s. ; sur les crédits suppl. et extraord. pour 1837, p. 354 et s. ; du budget de 1838, p. 367. — Dissolution de 1837, p. 385.

— Discussion de la loi des comptes pour 1835, III, p. 3 ; de crédits supp. et extraord. (1838), p. 5 ; sur l'emprunt grec, p. 13, 68 ; sur l'armée, p. 15 ; sur l'Algérie, p. 18 ; sur la conversion, p. 25 ; du budget de 1839, p. 35 ; de l'adresse de 1838, p. 62. — Dissolution de la —, p. 62. — Discussion sur l'aff. du Mexique, p. 67 ; sur l'emprunt grec, p. 68 ; sur la reconst. de l'Opéra-Comique, p. 70 ; sur les crédits pour les canaux (1839), p. 73 ; sur les routes stratég. de l'Ouest, p. 74 ; sur l'amélioration des ports, p. 76 ; sur les crédits suppl. pour 1839, p. 78 ; sur la dotation du duc de Nemours, p. 115 ; sur le monopole des tabacs, p. 117 ; sur le privil. de la Banque de France, p. 121 ; sur l'indemnité d'Haïti, p. 127 ; sur la conversion (1840), p. 131 ; sur l'Algérie, dépenses de 1829 à 1840, p. 138 ; sur le Conseil d'État, p. 143 ; sur les sucres, p.

1833, I, p. 301 ; votés en 1833, p. 365.

Droit de visite. Établi en 1833, II, p. 53.

— Vote hostile en 1844, III, p. 356.
V. *Traite des nègres.*

Dubois-Aymé (M.). Sa proposition relative aux marchés de l'État (1831), I, p. 124. — Parle sur l'amortissement, p. 324.

Dubois (M.). Parle sur les bourses dans les séminaires, I, p. 231. — Révoqué de sa fonction à raison de ses votes comme député, p. 342.

— Rapporteur sur l'emprunt grec, III, p. 12.

Duboys d'Angers (M. —). Parle sur les routes stratégiques de l'Ouest, II, p. 22.

Duchâtel (le comte). Parle sur l'affaire des salines de l'Est, I, p. 117 ; sur les douzièmes prov. pour 1832, p. 137 ; sur l'amortissement, p. 197 ; sur les émoluments des agents de finances, p. 271.

— Parle sur le traité avec les États-Unis (1833), II, p. 73. — Ministre du commerce, p. 74. — Parle sur la conversion, p. 233. — Ministre des finances (1836), p. 299. — Jugement sur —, p. 304.

— Ministre de l'intérieur, III, p. 63. — Ministre de l'intérieur, III, p. 174.

Ducos (M.). Son rapport sur le budget de 1841, III, p. 162.

Dufaure (M.). Parle sur les crédits supplémentaires (1835), II, p. 173.

— Son rapport sur l'Algérie, III, p. 19. — Ministre des travaux publics, p. 63. — Son rapport sur la Banque de France (1840), p. 119 ; sur les chemins de fer, p. 239, 390.

Dumon (M.). Rapporteur du budget de la justice (1833), I. p. 307.

— Ministre des finances, IV, p. 185.

Duperré (L'amiral). Ministre de la marine, III, p. 63. — Ministre de la marine, p. 174.

Dupetit-Thouars (L'amiral). Affaires de Taïti, III, p. 363.

Dupin (M.). Ministre d'État en 1830, I, p. 5. — Caractérise la situation de la Monarchie de Juillet, p. 20. — Parle sur l'amortissement (1831), p. 61 ; sur la liste civile, p. 154, 164, 174 ; sur le domaine privé, p. 167 ; sur la question des pensions, p. 120. — Caractérise la vraie égalité, p. 222 ;

E

F

IV.   18

G

H

de la loi sur l'amortissement (1831), I, p. 55. —
Rapporteur des projets de
loi du baron Louis (1831),
p. 91. — Son rapport sur
le budget des recettes de
1832, p. 276. — Ministre
des finances, p. 297. — Critique la gestion financière
de la Restauration, p. 304.
— Parle en faveur du baron
Louis dans l'aff. Kesner, p.
398.

— Son projet de loi sur l'a-
mortissement, II, p. 5 ; son
opinion sur la nécessité de

l'amortiss., II, p. 9 ; son projet relatif aux découverts du
Trésor (1835), p. 182, 206.
— Parle sur la conversion,
p. 224 ; sa démission, p. 225.
— Parle sur les Caisses
d'épargne, p. 308.

— Ministre des finances, III,
p. 174. — Appréciation de
son administration, p. 223 ;
sa mort, p. 233. — Son
projet de refonte des monnaies de cuivre, p. 309.

Hyde de Neuville (M.). Son
arrestation (1832), I, p. 296.

I

Impôts. Remises aux agents
de recettes, I, p. 269. —
Résultats des dégrèvements
de 1831, p. 276. — Frais de
régie, proposition de Tracy,
p. 325. — Discussion sur les
— en 1833, p. 358.

— Évaluation pour 1834, II,
p. 57.

— Progression des — de 1830
à 1847, IV, p. 237.
V. *Recettes.*

Impôts directs. Projets de
réforme en 1831, I, p. 31 ;
historique des —, p. 32 ;
substitution de la quotité à
la répartition, p. 35 et s. ;
projet Lafitte, p. 38 et s. ;
discussion, p. 42, 44 ; vote,

p. 48, 51. — Impôt foncier,
impôt des patentes, nécessité de les augmenter (1831),
p. 91 ; discussion, p. 97, 99.
— Impôt foncier, contingent,
II, p. 59, 210.

Impôt foncier. Augmentation nécessaire, I, p. 91, 97,
99.

— Augmentation de l'—, II,
p. 59. — Modification an-
nuelle du contingent, p.
210.

Impôts indirects. Boissons,
dégrèvements proposés en
1830, I, p. 21 ; résultats, p.
140, 361. — Taxe somptuaire
proposée, rejet, p. 358.

— Sur le tabac, produits, II,

J

K

L

M

N

O

P

IV.

Q

R

S

T

U

V

Y

Z

CHARTRES. — IMPRIMERIE DURAND, RUE FULBERT.

CALMANN LÉVY, ÉDITEUR

DERNIÈRES PUBLICATIONS

— Format in-8° —

CHARTRES. — IMPRIMERIE DURAND, RUE FULBERT.